# 立德尚善，
# 在最适合季节尽情绽放

## ——向阳花德育实践

## 编 委 会

**主 编**

杨 芳

**副主编**

黄 雪 岳 聪 杨 石

**编 委**

黄中荣　李丽超　廖文静　谭　琳　黄新月　张悦悦　周　骁

帅玉亮　刘钟元　王　艳　涂　慧　谌瑞霞　张艳艳　梁　淼

修梦琦　韩　娟

名师系列

# 立德尚善，
# 在最适合季节尽情绽放

## ——向阳花德育实践

LIDE SHANGSHAN

ZAI ZUI SHIHE JIJIE JINQING ZHANFANG

杨 芳 / 主编

黄河出版传媒集团
阳光出版社

**图书在版编目（CIP）数据**

立德尚善，在最适合季节尽情绽放：向阳花德育实
践 / 杨芳主编. -- 银川：阳光出版社，2024.6.
ISBN 978-7-5525-7334-3

Ⅰ. G631

中国国家版本馆CIP数据核字第20248ZA130号

立德尚善，在最适合季节尽情绽放
——向阳花德育实践

杨芳　主编

名师系列策划　赵维娟　申　佳
责　任　编　辑　杨　皎
封　面　设　计　石　磊
责　任　印　制　岳建宁

黄河出版传媒集团
阳　光　出　版　社　出版发行

出 版 人　薛文斌
地　　址　宁夏银川市北京东路139号出版大厦（750001）
网　　址　http://www.ygchbs.com
网上书店　http://shop129132959.taobao.com
电子信箱　yangguangchubanshe@163.com
邮购电话　0951-5014139
经　　销　全国新华书店
印刷装订　宁夏银报智能印刷科技有限公司
印刷委托书号　（宁）0029896

开　　本　787 mm×1092 mm　1/16
印　　张　14.75
字　　数　210千字
版　　次　2024年6月第1版
印　　次　2024年6月第1次印刷
书　　号　ISBN 978-7-5525-7334-3
定　　价　39.80元

# 序

　　国无德不兴，人无德不立。党的十八大明确提出："把立德树人作为教育的根本任务，培养德智体美全面发展的社会主义建设者和接班人。"党的二十大报告也进一步指出："育人的根本在于立德。"习近平总书记也曾多次强调："要把立德树人的成效作为检验学校一切工作的根本标准。"在新时代建设教育强国的根本遵循下，德育工作机遇与挑战并存，特别是伴随社会的快速发展，受内外环境与多元因素的影响，中小学德育工作的形势与任务更加艰巨。在此背景下，新时代中小学落实立德树人的根本任务需要建设高质量的德育，高质量的德育不仅是学校工作的价值追求，也理应成为校本实践的事实描述，这既是时代发展的必然要求，也是教育工作者实现重要使命的应有之义。

　　高质量的学校德育应明确立德树人的深刻内涵，坚持德育为先、党建引领与三全育人，以培养学生全面发展为核心，植根时代之变，从学校实际出发，注重顶层设计和一体化构建，以核心德育理念为引领，推进"大思政课"育人体系建设，发挥思政课关键课程作用，落实学科德育功能，提高德育队伍专业化，营造良好的文化生态，开展丰富的德育活动，加强学校家庭社会协同育人……道德的本质是真善美，学校德育工作就是引领学生追求真善美，塑造精神长相的过程。在这一过程中，学校要不断探索立德树人模式，深化社会主义核心价值观教育，落实相关重大主题教育，创新工作方式方法，拓展德育途径，超越知性德育，培养学生的道德思维力、道德敏感性和道德行动力。

成都高新新源学校正是众多实事求是、以积极作为书写高质量德育答卷的学校之一。近年来，学校在杨芳校长的带领下，锐意革新，深入贯彻落实习近平总书记关于教育的重要论述，以高质量作为学校德育工作的标准，坚持以"养正日新　厚源致远"为核心价值观，积极探索"向阳花德育"，探究德育理念擘画工作蓝图，建设德育课程精装精神家园，强化党团队激活一体化育人链条，开展多元活动实现涵育，落地家校共育协同育人，促进队伍成长以德育德……通过这些德育实施途径，立德尚善，使每一朵向阳花尽情绽放，努力培养"品学兼修、尚美乐创"的阳光学生。可以说，成都高新新源学校"向阳花德育"的校本实践是新时代背景下学校德育工作的一次有益且创新的探索，学校始终以学生为本，关注学生的全面发展，又注重学生的德行成长，学校的德育实践为当前中小学德育工作的开展提供了宝贵的经验和启示。

近日，学校通过《立德尚善，在最适合季节尽情绽放——向阳花德育实践》一书，对学校多年来的德育工作进行了体系化的梳理与整合性的总结，广大读者和德育同仁们可以更深入地了解新源学校品牌性德育工作——向阳花德育的建设，从中汲取经验及启示，为我国中小学德育工作的高质量发展贡献智慧与力量。

最后，在该书付梓之际，我想对学校全体德育工作表示衷心的祝贺，学校多年躬耕终有所获。同时，希望学校在未来的德育工作中，牢牢坚持立德树人这一根本任务，以向阳花德育为统领，继续积极探索，不断创新，输出更多德育成果，为新时代中小学德育高质量发展做出更大的贡献。也希望这本书能够为广大读者和德育同仁带来有益的启示和借鉴，德育是一项久久为功的工作，需要大家一起共同为培养时代新人而努力。

是以为序。

四川省教科院德育与家庭教育教研员

（马云飞，四川省教科院德育与家庭教育教研员，浙江大学博士，成都市十佳班主任，成都市优秀班主任，成都市骨干教师，成都市教育科研先进教师。曾相继在成都七中万达学校与树德中学从事教育工作。）

# "向阳花"德育

在成都高新区新源学校，每一个孩子都是一朵含苞待放的向阳花。

阳光向上、自信大方、热情奔放，是他们的外显特征；温润如玉、坦荡磊落、坚韧不拔，是他们的内在气质。

1—3年级，他们是向阳花宝贝；

4—6年级，他们是向阳花儿童；

7—9年级，他们是向阳花少年。

经过三个阶段持续不断"向阳花德育课程"的浸润涵养、锤炼塑造、拔节生长，他们终于次第绽放，形成共同生长的繁茂之势，理想信念更加坚定，生命内涵更加丰盈，创造力更加激昂，品质修养得到升华，为高尚幸福的人生奠定坚实的基础。

# 目　录

# 第一章 理念探究篇：擘画花田育人蓝图

"德育是学校全部教育活动的灵魂、归宿和价值指向，是学校教育的最高追求。"建构价值明确、结构合理、内容丰富、评价规范的德育课程，是实现学校育人目标，达成立德树人的关键。德育课程是教育者为实现德育目标，有组织、有计划地在学校范围内，以各种方式、通过受教育者的意识和心理反应，使受教育者获得良好品德经验的教育因素，包括显性德育课程和隐性德育课程。

## 第一节 向阳花德育目标

德育目标是德育课程的核心。是党和国家育人目标的具体体现，是学校育人目标的重要组成部分，直接映射学校文化，体现德育对象身心发展的需求。

### 一、落实新时代立德树人根本任务的迫切需求

学校德育目标反映时代需求，体现国家教育方针。基础教育课程改革以来，我国教育方针凸显"以人为本"的价值立场，确定了德、智、体、美、劳"五育并重"的教育方针。如，在2010年颁布的《国家中长期教育改革和

发展规划纲要》中就提出了"优先发展、育人为本、改革创新、促进公平、提高质量"的教育方针。在中国特色社会主义建设新时代的背景下，将立德树人作为教育的根本任务。

回溯中华民族数千年的历史，"立德树人"思想可谓源远流长，从我国古代教育的起源来看，教育的本质近乎等同于德育。《大学》开篇词"大学之道，在明明德，在亲民，在止于至善"的论述，凸显了德育在我国古代教育中的重要价值。新时代背景下，"立德树人"的重要性在国家与教育相关的文件中得到进一步的体现。如《国家中长期教育改革和发展规划纲要》中，明确提出"坚持德育为先、能力为重、全面发展"等战略主题，德育工作居于首位。党的十八大报告明确提出立德树人的根本任务，党的十九大报告进一步强调"要落实立德树人根本任务"。2018年9月，习近平总书记在全国教育大会上指出，要"培养德智体美劳全面发展的社会主义建设者和接班人，加快推进教育现代化、建设教育强国、办好人民满意的教育"。2019年2月，中共中央、国务院印发的《中国教育现代化2035》，又明确将"更加注重以德为先"作为推进教育现代化的八大基本理念之一。

2019年2月，中共中央办公厅、国务院办公厅印发的《加快推进教育现代化实施方案（2018—2022年）》中，"实施新时代立德树人工程"被列为推进教育现代化的十项重点任务之一。其中，要求全面推动习近平新时代中国特色社会主义思想进教材、进课堂、进头脑，提升高等学校思想政治工作质量，增强中小学德育针对性、实效性，加强劳动教育和实践育人等。2023年，党的二十大报告提出，"育人的根本在于立德。全面贯彻党的教育方针，落实立德树人根本任务，培养德智体美劳全面发展的社会主义建设者和接班人"。

**二、全面实现学校育人目标的必然选择**

《义务教育课程方案和课程标准（2022年版）》明确提出，义务教育要在坚定理想信念、厚植爱国主义情怀、加强品德修养、增长知识、培养奋斗精神、增强综合素质上下功夫，使学生有理想、有本领、有担当。培养德智体美劳全面发展的社会主义建设者和接班人。《中小学德育工作指南》中提出德育总目标是：培养学生爱党爱国爱人民，增强国家意识和社会责任意识，教育学生理解、认同和拥护国家政治制度，了解中华优秀传统文化和革命文化、社会主义先进文化，增强中国特色社会主义道路自信、理论自信、制度自信、文化自信，引导学生准确理解和把握社会主义核心价值观的深刻内涵和实践要求，养成良好政治素质、道德品质、法治意识和行为习惯，形成积极健康的人格和良好心理品质，促进学生核心素养提升和全面发展，为学生一生成长奠定坚实的思想基础。

成都市高新区新源学校是一所九年一贯制学校，坐落于锦城湖畔，占地41.5亩，现有教职工151人，学生2152人，城市居民和随迁子女各占一半左右。为落实立德树人的根本任务，培养德智体美劳全面发展的社会主义建设者和接班人，学校以中国学生发展核心素养为大纲，依据国家课程方案和《中小学德育工作指南》，在学校办学理念"养正日新，厚源致远"的引领下，遵循中小学生身心发展的规律，建立了"品学兼修，尚美乐创"的育人目标，探索出一条具有新源学校特色的"向阳花"课程体系之路。

### 三、"向阳花"内涵解析

向阳花，本义为向日葵花朵，为活泼的黄色，盛开之时，向阳转动，彰显向上的力量，是富有朝气、充满生命力的象征。自建校以来，新源学校就以"向阳花"为学校文化理念的标志，"花开新源，朵朵向阳"，向阳花象征乐观、勇敢、自强，代表了新源学校师生积极阳光的工作、学习状态，象征学校欣欣向荣的发展势头。

"品学兼修，尚美乐创"的向阳花学子，具有三个特点。

第一，信念坚定。向阳花始终向着太阳开放，信念坚定。即爱国爱党，对党的政治认同、情感认同、价值认同，不断树立为共产主义远大理想和中国特色社会主义共同理想而奋斗的信念和信心，做新时代社会主义的建设者和接班人。学生坚韧执着、勇往直前、努力拼搏，去追寻理想信念。

第二，发展全面。向阳花花形饱满，花托盘状，形似太阳，象征着德智体美劳全面发展。学生热爱生活、积极变革、不断进步，实现自身全面成长。

第三，品行高尚。向阳花明亮的金色，象征阳光磊落，品行高尚。即培育和践行社会主义核心价值观，努力成为担当民族复兴大任的时代新人。学生有活力、有朝气、有温度，乐观开朗、诚实守信、团结友爱。

向阳花开之时，大片向阳花共同绽放，随太阳律动，形成共同生长的繁茂之势，花海蔚为壮观，淳朴自然，充满生机。这意味着，每一个孩子都是一朵含苞待放的向阳花，每一名学生要获得发展。学校"向阳花"课程建设的价值就是要给向阳花学子提供适合的土壤、阳光、养料和环境，使他们在课程的浸润滋养中能够自然地生长、不断地绽放，展现自己独特的姿态，使生命内涵得以丰盈、个性品质得以提升、创造能力得以激发。因此，第一，向阳花课程是一段生命的旅程，学生在向阳花课程中"发展在当下""尽享在当下"；第二，向阳花课程融合了教育与生活，课程不是独立地"给"学生，而是学生生活的一部分，来源于学生的生活需要，与当下生活和未来发展紧密联系；第三，向阳花课程促使个性走向丰盈，使不同的个体能"扬长""跨界"，横向拓展，纵向延伸。第四，向阳花课程让学生在最合适的季节尽情绽放，阳光自信、求真向善。

根据以上内涵解析，指向培养"品学兼修、尚美乐创"的向阳花学生，成都高新新源学校设置了"立德尚善、优学尚美、科技乐创"三类课程目标，从基础课程、拓展课程、综合课程三个维度，建构尚品课程、尚学课程、乐创课程，形成了三类三层"向阳花"课程体系。

其中，德育课程作为学校德育实施的主要措施，对学生的价值塑造、行为规范、意志锤炼、文化认同和公民意识培养等起着重要的引导和影响作用。"向阳花"德育课程目标为"立德尚善"，即通过系列化的德育课程，培养"向阳花"学生——信念坚定、发展全面，品行高尚。

向阳花德育课程目标是《中小学德育工作指南》中的德育目标的校本化建构，全面覆盖中小学生核心素养的三大板块。德育内容完善、载体丰富，重点体现学段衔接；实施过程全体参与，常态化开展；评价体系涵盖全体，体现增值。形成全员育人、全程育人、全方位育人的德育工作格局，促进每位学生的全面发展，健康成长，落实国家"立德树人"根本任务。

### 四、向阳花德育理念

（一）坚持成才先成人

德育是素质教育的灵魂，确保德育在学校工作中的首要位置，担负"为党育人，为国育才"使命。

（二）坚持全员德育

德育是一个系统工程，要有全员教育观念。构建全员、全方位、全过程的育人格局，形成人人育人、处处育人、事事育人的合力，特别要加强德、智、体、美、劳的整合互动。

（三）坚持以人为本

坚持以人为本，牢固树立学生是德育主体的观念，帮助学生确立自主发展的主体意识，激发学生积极参与的热情，培养学生自我教育的能力。

（四）坚持习得内化

德育工作应为学生终身发展奠定扎实的基础，其最高境界是学生心灵的内化。这一过程首先是建立制度规范，树立规则，其次是通过学生亲身的研究、比较、体验，并经过多次重复，渐渐内化形成良好的行为习惯，固化为品质。

（五）坚持常态化开展

德育无处不在，无时不在，一草一木，一人一事都是价值的体现和隐性的德育力量。推进德育工作制度化、常态化，将学校德育工作要求贯穿融入学校各项日常工作中，努力形成一以贯之、久久为功的德育工作长效机制。

## 第二节　向阳花德育体系

### 一、向阳花德育内容

为培养"品学兼修，尚美乐创"的向阳花学生，学校崇尚"立德尚善"，坚持立德树人、德育先行、以人为本，坚持全员育人、全程育人、全方位育人，坚持外化于行、内化于心、知行合一，着力培养有理想信念、有责任担当、积极参与社会、会健康生活、能自主发展的阳光向上的"向阳花"学生。

向阳花花语是积极向上、乐观开朗、朝气蓬勃。向阳花花形饱满丰厚，象征向阳花学生阳光向上、自信大方、热情奔放的外显特征；向阳花色彩明亮活泼，象征着向阳花学生温润如玉、坦荡磊落、坚韧不拔的内在气质；向阳花向阳而生，始终如一追随太阳，寓意为向阳花学生从小树立坚定的理想信念，经过九年义务教育的三个成长阶段逐步形成正确的价值观、人生观和世界观。

每一个孩子都是一朵含苞待放的向阳花，他们经过发芽、出苗、拔节，在适宜的时节欣然绽放。向阳花学生三个发展阶段，即1—3年级为向阳花宝贝，4—6年级为向阳花儿童，7—9年级为向阳花少年。在外部循环（课程涵养）、内部循环（自我驱动）的互相影响下，向阳花学生展现出自己在每个阶段的独特姿态。其"理想信念""全面发展""品行修养"等方面得到持续不断的浸润涵养、锤炼塑造、拔节生长、次第绽放。通过9年的向阳花德育

外显特征

乐光开朗

自信大方

工自信光

勇于创新

内在气质
温润如玉
坦荡磊落
坚韧不拔

描绘蓝图

自主发展

责任担当

热爱生活

参与社会

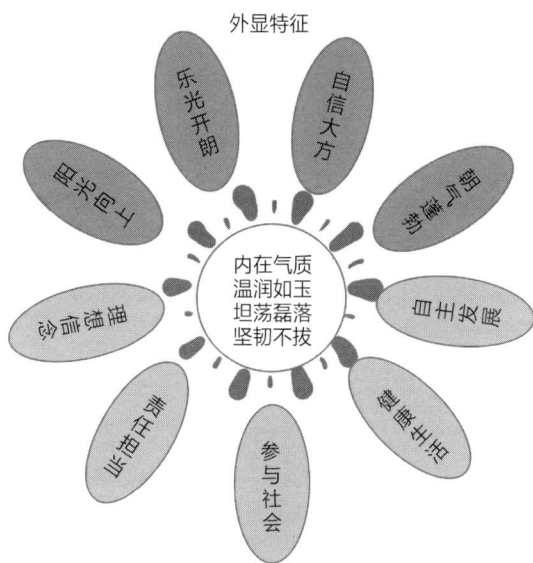

图 1-1　向阳花德育内涵

7—9 年级"向阳花少年"

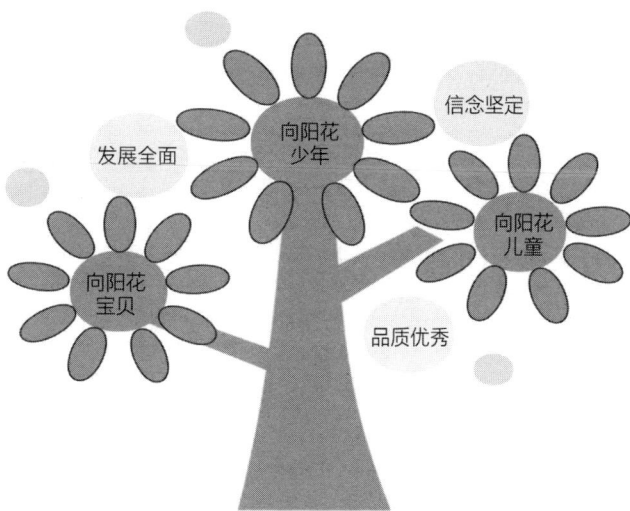

信念坚定

发展全面

向阳花
少年

向阳花
儿童

向阳花
宝贝

品质优秀

1—3 年级"向阳花宝贝"　　　　　　4—6 年级"向阳花儿童"

图 1-2　向阳花育人体系框架图

课程的培育，向阳花学生的理想信念更加坚定，生命内涵更加丰盈，品质修养得到升华，为其聪慧高尚的人生奠定坚实的基础。

## 二、向阳花阶段内容

| 培养内容 | 1—3年级向阳花宝贝 | 4—6年级向阳花儿童 | 7—9年级向阳花少年 |
|---|---|---|---|
| 信念坚定 | 1. 热爱中国共产党、热爱祖国、热爱人民。<br>2. 认识学校、了解家乡、了解祖国。<br>3. 加入少先队，初步树立理想。 | 1. 热爱中国共产党、热爱祖国、热爱人民。<br>2. 了解中国共产党，践行社会主义核心价值观。<br>3. 了解中华优秀传统文化，了解家乡的发展变化。 | 1. 热爱中国共产党、热爱祖国、热爱人民；了解中国特色社会主义，了解我国现阶段的基本经济制度和政治制度。<br>2. 认同中华文化，继承革命传统，弘扬民族精神。 |
| 发展全面 | 体育：积极参与体育游戏，练习移动、操控等技能；感受体育锻炼对健康的重要性；不怕困难、努力坚持。<br>智育：学习兴趣浓厚，初步养成良好的学习习惯。<br>美育：通过艺术课程学习发现美，培养初步的审美情趣。<br>劳动：保护环境，爱惜资源。<br>心理：能欣赏自己的优点和长处；会照顾并保护自己；乐于与老师同学交往；有计划地安排自己的生活；有一定的时间意识和规则意识。 | 体育：积极参与运动项目，学练体能和小技能；了解体育锻炼对健康的重要性；勇敢顽强、克服困难。<br>智育：掌握一定的学习方法，初步形成自主学习的能力。<br>美育：通过艺术课程学习欣赏美，培养一定的审美情趣。<br>劳动：保护生态。<br>心理：认识自己的优缺点，有自信心并悦纳自己；爱护自己身体，有安全意识和自护自救能力；有集体意识，善于和老师、同学交往；学会恰当正确地体验和表达情绪，学习自我调节方法；有积极的学习动机，积极参与社会活动。 | 体育：积极参与运动项目，掌握并运用运动项目的基本知识和战术；理解体育锻炼的重要性；迎难而上，自信自强。<br>智育：学习目标明确，能够自主学习，克服困难的意志。<br>美育：通过艺术课程学习创造美，具备一定的审美情趣。<br>劳动：热爱劳动。<br>心理：能客观地评价自己；珍爱生命并能自护自救；积极与老师父母沟通，建立良好的人际关系；有效管理情绪并能自我调节；有一定的职业规划意识；逐步适应生活和社会的变化，具有一定的抗挫能力。 |

续表

| 培养内容 | 1—3年级向阳花宝贝 | 4—6年级向阳花儿童 | 7—9年级向阳花少年 |
|---|---|---|---|
| 品行高尚 | 1. 了解规则，初步养成良好的生活习惯。<br>2. 文明有礼，爱亲敬长；初步养成基本的文明行为习惯。<br>3. 形成自信向上、诚实勇敢、有责任心等良好品质。 | 1. 理解日常生活中的道德规范，初步形成民主法治观念。<br>2. 养成良好生活和行为习惯。<br>3. 遵守规则、自尊自律。<br>4. 诚实守信、友爱宽容，乐观向上。 | 1. 理解基本的社会规范和道德规范，树立规则意识、法治观念，培养公民意识。<br>2. 自主自立，意志坚强的生活态度。<br>3. 尊重他人、乐于助人。<br>4. 善于合作、勇于创新。 |

### 三、向阳花德育课程体系

为充分落实国家"立德树人"根本任务，培养"品学兼修，尚美乐创"的向阳花学生，依照学生身心发展的特点，学校构建向阳花德育课程。向阳花德育课程是一段生命的旅程，它融合了教育与生活，链接了家庭与社会，学生在"向阳花"德育课程滋养中不断丰盈生命内涵、塑造优良品质、在自己最适宜的季节尽情绽放。

向阳花德育课程作为学校德育实施的主要渠道，对学生的价值塑造、行为规范、意志锤炼、文化认同和公民意识培养等起到重要的引导和影响。向阳花德育课程根本目标为"立德尚善"，其内容全面覆盖中小学生发展核心素养的三大板块，实施过程全面参与，评价体系涵盖全体。从培养全面发展的人出发，依托"规则育人课程""红色育人课程""躬行育人课程""文化育人课程"，培养向阳花学生有理想信念、有责任担当、积极参与社会、学会健康生活、能自主发展，努力成为社会主义事业的建设者和接班人。

（一）规则育人课程——全程育人

"规则育人"是学校贯穿始终的学年主题课程。根据学段设置不同的课程内容，以路队规则、就餐规则和课间规则三大规则为抓手，以3月和9月开学规则教育为契机，将规则教育渗透到日常的教育实践中。学校开发校本教材《规则花园》《葵宝入学手册》，制作三大规则视频教程，以培养学生规则意识、规范学生个人行为，引导学生明辨是非、自我反思，提升学生的规则素养，逐步养成良好习惯。经过多年的课程实施，学校规则育人效果凸显，获得"成都市文明校园""四川省文明校园"荣誉称号。

（二）红色育人课程——全程育人

1. 学月主题课程

学校结合各类活动，以月为轴线，设计十二个主题单元：社会实践月、民俗文化月、数科创新月、阳光体育月、传统文化月、红色文化月、公益服务月、规则育人月、同心运动月、书香阅读月、国际理解月，形成比较完善的"启动仪式—系列活动—闭幕式"的课程形式。活动实施中，学校部门——年级——班级三级联动，分阶段分层次开展。

2. 学周主题课程

根据重大纪念日，结合学校的实际，精心设计、组织开展主题鲜明、内容丰富、形式多样、吸引力强的学周主题课程，通过升旗仪式、班会课开展学周主题课程。以《学周主题教育课程实施方案》为蓝本，部门统筹，年级班级实施，对学生进行爱国主义教育、法治教育、环境教育、安全教育、文明礼仪教育、心理健康、生命教育、艺术体育等浸润，以鲜明正确的价值导向引导学生，以积极向上的力量激励学生，促进学生形成良好的思想品德和行为习惯。增强学生的责任担当意识，指导学生学习健康生活。

3. 典礼仪式课程

开展庄严神圣的仪式教育课程，发挥思想政治引领和道德价值引领作用。七年级开设入学课程，增强学生文化认同感和归属感；六年级开展成长衔接课程，举行成长典礼，为适应中学生活做好心理建设和学业准备；九年级开设感恩远行课程，举行毕业典礼，在课程中学习生涯规划，懂得感恩，回报社会。开展典礼课程。如开学典礼暨开学第一课，六一嘉年华暨少先队入队仪式，毕业典礼暨元旦喜乐会等，通过课程体验增强育人功能。

（三）躬行育人课程——全面育人

与综合实践活动课紧密结合，广泛开展社会实践，不断增强学生的社会责任感、创新精神和实践能力。开展丰富的校内、校外实践活动。在校内学生分担岗位，如学生干部、自主分餐、志愿活动、校园绿化等，在岗位实践中培育学生的自我管理和主动服务意识。

校外实践分为层级式研学课程和公益式服务课程。一是根据学生身心发展特点和年龄特征，分年级分模块开发层级式研学课程。如低段"陪伴成长，探索自然"，中段"团结协作，挑战自我"，高段"文化体验，团队提升"，探索九年一贯制学校的年段层级式发展。二是公益式服务课程，学生利用寒暑假走入社区，到各行各业进行公益服务或实践学习，履行社会公益服务、学习实践知识，培养适应社会、服务社会的能力，增强社会责任感和使命感。

（四）文化浸润课程——全员育人

除显性课程之外，学校还着力打造隐性课程——"向阳花"校园文化。建设特色鲜明的班级文化，在集体精神文化和物质文化中不断增强学生的主人翁精神、团队归属感和团队荣誉感。

1. 开发艺体课程

充分尊重学生的个性，以城市少年宫为载体，依托学校"阳光"体育、"尚美"艺术与"乐创"科技推动学生体育、艺术、科学的发展，创设一门学业＋一项体育＋一门艺术的1+x+y的学生培养模式。激励学生通过积极参加体育艺术科技活动，发展一到两门特色项目，如篮球、排球、足球、乒乓球、啦啦操、跆拳道、田径、合唱、校园剧、口风琴、舞蹈、线描色彩、书法绘画、绘本画等，完成对学生审美情趣、创新精神及身心健康的培养。

2. 家校共育课程

成立三级家长委员会管理扎实有效；开展家长学校培训活动，提高家长的教育能力；开展家长进课堂活动，促进协同育人。

3. 创设优质环境，丰富校园文化

创设品质优秀的校园文化，充分利用广播、电子屏、宣传栏、走廊、阅览室、新媒体平台等，开展高雅艺术进校园、校园直通车等活动。弘扬社会主义核心价值观，营造清新高雅、活力绽放的校园文化。

向阳花德育课程在每一天、每一周、每一月都有明确的育人目标，实施过程中从学校到年级、从年级到班级，逐步细化小目标予以达成，最终实现对全员学生全面素质的培养。

## 第三节　向阳花德育评价

### 一、"向阳花"德育评价背景

近年来，中共中央、国务院印发的《关于深化教育教学改革全面提高义务教育质量的意见》《深化新时代教育评价改革总体方案》《义务教育质量评价指南》《中小学德育工作指南》等系列文件，对我国新时代教育评价工作作出了系统部署，为完善立德树人机制、促进科学的教育评价，提出了明确的指引和要求。

《义务教育质量评价指南》明确提出，要坚持正确方向，践行为党育人、为国育才，坚持育人为本。面向全体学生，注重综合素质评价，促进全面培养，引导办好每所学校、教好每名学生。义务教育学校教育评价要促进学生全面发展、保障学生平等权益、促进义务教育优质均衡发展。构建政府、学校、社会等多元参与的评价体系，探索开展学生各年级学习情况全过程纵向评价、德智体美劳全要素横向评价。

为贯彻落实中共中央、国务院《深化新时代教育评价改革总体方案》等重要文件精神，成都高新新源学校以"立德尚善"为学生德育总目标，从"信念坚定、发展全面、品行高尚"三个维度，深入推进学生综合素质评价工作。

## 二、"向阳花"德育评价指导思想

坚持以习近平新时代中国特色社会主义思想为指导，全面贯彻党的教育方针，坚持社会主义办学方向，落实立德树人根本任务，遵循教育规律和学生身心发展规律，发展素质教育，系统推进教育评价改革，努力培养担当民族复兴大任的时代新人，培养德智体美劳全面发展的社会主义建设者和接班人。

## 三、"向阳花"德育评价谱系建设

教育部颁布的《关于推进中小学教育质量综合评价改革实施方案》，把学生的品德发展水平、学业发展水平、身心发展水平、兴趣特长养成、学业负担状况等五个方面20个指标作为评价学校教育质量的主要内容。《义务教育质量评价指南》和《成都市初中学生综合素质评价实施方案》中对学生发展质量评价的要求明确指出，学生综合素质评价要反映学生全面发展情况和个性特长，注重考查学生社会责任感、创新精神和实践能力。

为加快学生评价体系改革，促进德智体美劳全面发展，树立科学成才观念，坚持以德为先、能力为重、全面发展，坚持面向人人、因材施教、知行合一，创新德智体美劳过程性评价办法，完善综合素质评价体系，切实引导学生坚定理想信念、厚植爱国主义情怀、加强品德修养、增长知识、培养奋斗精神、增强综合素质。成都高新新源学校以学校特色的"向阳花"课程体系为依托，以培养"立德尚善"的向阳花学子为德育总目标，以"目标序列化、评价维度多元化、学生成长可视化、记录展示过程化"为原则，开展学生综合素质发展质量的评价工作。

历经十几年的探索实践，学校构建了"坚定信念、发展全面、品行高尚"三大板块为主的向阳花学生综合素质谱系，通过学生的个性评价、全面评价，借助五育融合之成长手册来实现对学生的综合素质评价。坚持多元评价，在评价过程中坚持以教师为主体，学生、家长及社区评价相结合，以科学性的评价促进向阳花学子综合素质全面提升。同时，践行评价方法以及评价标准的多样化，关注对学生的过程性、动态性发展的评价。

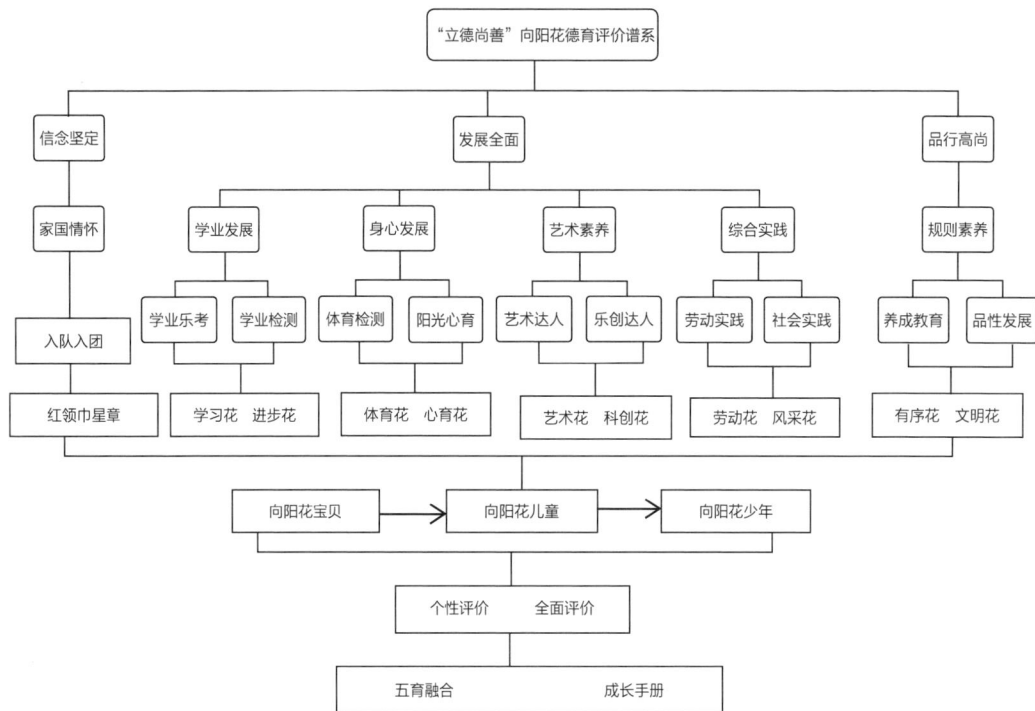

图1-3 成都高新新源学校"向阳花"学生综合素质评价谱系图

（一）向阳花评价内容及标准

依托成都高新新源学校向阳花德育课程的开设，结合《义务教育质量评价指南》《中小学德育工作指南》及《成都市初中学生综合素质评价实施方案》中对学生综合素质评价的要求，我校以"立德尚善"为总德育目标，从"信念坚定、发展全面、品行高尚"三个维度制定了对应德智体美劳的家国情怀、规则素养、学业发展、身心发展、艺术素养、综合实践六大指标为主的学生综合素质发展评价内容。

| 评价项目 | 评价内容 | 评价标准 |
| --- | --- | --- |
| 家国情怀 | 对祖国、家乡、对中国共产党的热爱与拥护 | 热爱祖国、热爱拥护中国共产党<br>热爱家乡 |
| 学业发展 | 课堂学习状态、作业完成情况、学业取得的成绩 | 认真听讲、积极发言、认真完成作业<br>学习成绩取得显著进步<br>在测试中，取得优秀成绩<br>学习态度端正 |
| 艺术素养 | 艺术科技活动的参与，获得荣誉 | 积极参与各级艺术、科技等活动 |
| 身心发展 | 体育活动的参与及获得的荣誉<br>体质健康测评 | 积极参与体育活动、体质健康测试水平<br>积极参与心育活动，健康的心理状态 |
| 综合实践 | 参与劳动实践、社会实践、公益活动的情况 | 积极参与劳动实践、社会实践、公益活动 |
| 规则素养 | 对规则的践行、文明礼仪、仪容仪表 | 当周无任何规则违纪行为 |

1. 向阳花家国情怀

义务教育要牢记为党育人、为国育才的使命，成都高新新源学校通过"红色育人"课程培育学生热爱祖国，热爱家乡，拥护中国共产党的家国情怀。

2. 向阳花学业发展

重在考查学生各门课程基础知识、基本技能掌握情况以及运用知识解决问题的能力等。重点是学业水平考试成绩记录、学习过程性记录、研究性学习与创新成果记录等。对学生学业成绩的评价。激励学生勤学善思，努力取得优异的学业成绩。

（1）聚焦五育并举，建构向阳花学业评价体系。精心谋划，全面统筹"向阳花"学生评价体系改革，学校学生评价由过程性评价和阶段性评价两部分组成，形成了比较完善的评价内容。

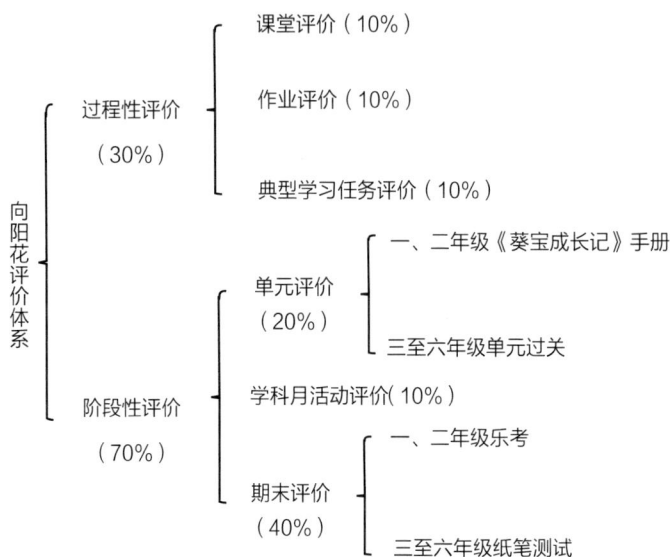

图1-4　成都高新新源学校"向阳花"学业评价体系

其中，课堂评价主要是学生在课堂上的表现，如发言、小组学习、提问、思考等方面；作业评价包含培根基础作业、拓展实践作业和花开绽放作业（即跨学科综合作业）；典型学习任务评价按学科分类，如，语文：我的一本课外书演讲；数学：口算比赛、数棋比赛；艺术：艺术小达人活动等。

**X 年级__班下册背诵、识字与写字评价表**

| 单元 | 背诵 | | 识字与写字 | | | |
|---|---|---|---|---|---|---|
| | 篇目 | 背诵情况 | 应认 | 实认 | 应写 | 实写 |
| | | | | | | |
| | | | | | | |
| | | | | | | |

**X 年级__班下册背诵、识字与写字评价表**

学生姓名：

| 次数 | 题目 | 自评 | 家长评 | 总评 | 次数 | 题目 | 自评 | 家长评 | 总评 |
|---|---|---|---|---|---|---|---|---|---|
| | | | | | | | | | |
| | | | | | | | | | |
| | | | | | | | | | |

图 1-5　培根基础作业之背诵、识字与写字评价表 / 说话写话评价表

（2）突出全方位育人，设计学科月活动。学校结合各类活动，以月为轴线设计12个主题单元。每月学生参与对应年级的活动，教师进行综合评价。

（3）加强课程融合，开展期末乐考。一、二年级主要以乐考的形式进行，设定主题，学课融合。

锦城湖站："我为成都代言"

测评内容：介绍成都的公园或者美食

提前准备好演讲内容，时间3分钟以内。

提前制作自己介绍的图片或照片，A4纸尺寸。

评价标准：

一、内容（30分）

1. 主题明确、深刻，材料真实、典型、新颖，结构完整合理、层次分明，引人入胜。

2. 能反映成都公园城市特点并能联系学生实际情况，表达对成都的热爱。

二、表达（60分）

1. 语音（20分）：语音规范20分，较规范17分，不够规范14分，不规范不得分。

2. 感染力（20分）：语速恰当、声音洪亮，表达自然流畅，节奏张弛符合思想感情的起伏变化，具有感染力。

3. 熟练程度（10分）：因不熟练，每停顿一次减1分。

4. 态势语（10分）：自然得体，端庄大方。

under the bridge park 站："英"你幸福

活动内容：孩子们在畅游公园时，发现有些凌乱的物品（单词卡片）随意摆放，影响了整个公园的漂亮整洁，所以让学生通过单词分类，引导学生从小做一个有分类意识的社会公民。

人员安排：陈兰、蒲瑶瑶。

第一关：我是分类小达人

规则：每个学生随机抽取四张卡片并准确读出卡片上的单词，然后将单词卡片放到对应的篮子里。

材料准备：

1. 8个可爱的篮子，分别是 Activities, Weather, Season, My week;

2. 对应的单词小卡片。

评分标准：①能准确读出四个单词得☆；②能将四个单词正确归类得☆☆。

第二关：我是时间小达人

规则：转动转盘，并回答句子：What time is it？It's ....

材料准备：

转盘2个，转盘里的时间为 7:40, 8:50, 9:30, 10:20, 11:10, 12:00, 5:00

评分标准：①准确回答转盘上的时间得☆；②语音语调标准，优美得☆☆。

图 1-6　成都高新新源学校二年级乐考内容及标准

### 3. 向阳花身心发展

建立日常参与、体质监测和专项运动技能测试相结合的考查机制，将达到国家学生体质健康标准要求作为教育教学考核的重要内容，引导学生养成良好锻炼习惯、健康生活方式，锤炼坚强意志，培养运动技能、合作精神，具备自我认识、人际交往以及应对困难和挫折等健康的心理素质。

### 4. 向阳花艺术素养

把学生学习音乐、美术、书法等艺术类课程以及参与学校组织的艺术实践活动情况纳入学业要求，促进学生形成艺术爱好、增强艺术素养，全面提升学生感受美、理解美、表现美、鉴赏美、创造美的能力。考查学生在声乐、器乐、舞蹈、戏剧、戏曲、绘画、书法等方面表现出来的艺术技能或特长，参加艺术活动的成果等。充分尊重学生的个性，依托学校特色的尚美艺术与乐创的科技来推动学生艺术、科学的发展。创设学业＋一项体育＋一门艺术的"1+x+y"的学生培养模式。激励学生通过积极参加艺术体育科技活动，发展一到两门的特色项目，完成对学生审美情趣、创新精神及身心健康的核心素养培育。

### 5. 向阳花综合实践

加强劳动教育评价。根据《劳动教育课程标准》《成都市中小学劳动教育清单》的目标要求，引导学生崇尚劳动、尊重劳动。养成劳动习惯，学会劳动、学会勤俭。考查学生劳动实践能力、调查研究能力、动手操作能力等。重点记录学生参加劳动技术、生活实践、职业体验教育以及研学旅行、社会调查等方面的过程和成果。开展丰富的校外实践活动及校内实践活动，完成对学生社会参与的劳动意识和社会责任的核心素养培育。校外的社会实践，设置有层级式研学旅行课程和公益式服务实践课程。层级式研学旅行课程是依托不同年级的学生年龄认知特征，设置不同的研学旅行课程主题，尝试让学生在9年的不同学段中收获适合的德育教育。而公益式服务实践课程则是学校与社区共建共享的一个体现，充分发掘和借力社区教育资源，让学生走出校门，接触社会，增强服务社会的意识，培养学生社会责任感和使命感。校内综合实践则是通过设置不同实践岗位，让学生参与，培育学生自我管理、劳动和服务意识。如，校团委学生会学生干部的常规管理、6—9年级的学生自主分餐实践、运动会学生志愿者的招募、校园绿化的学生自主管理等。

6. 向阳花规则素养

以规则教育为抓手，切入对学生品德的养成教育，学生德育发展的评价内容涵盖了学生成长所必要具备的审美情趣、科学精神、健康生活、责任担当及创新实践的必备素养和关键能力。

（二）向阳花评价理念及方法

1. 向阳花评价理念

成都高新新源学校"向阳花"德育评价坚持"全员、全面、全程"理念，注重过程性评价与结果性评价相结合，学生个性化评价与学生全面性评价并举，追求多维度、多元性、多样化的科学性评价，促进向阳花学子综合素养的全面提升，培养"立德尚善"的向阳花学子。

2. 向阳花评价方法

（1）过程性评价。依托各级新时代好少年、红领巾星章、十佳的评选活动。在每年3月班主任节里，开展成都高新新源特色学生评优工作——十佳个人评选；每年6月，依托区级少先队评优工作，开展"红领巾奖章"评选工作；每年9月，开展市级"红领巾奖章"评选。同时，进行"新时代好少年"评选，要求热爱中国共产党、热爱祖国、热爱人民。带头学习践行社会主义核心价值观，学习和传承中华民族传统美德、热爱集体、关心他人，有较强的集体主义精神和规则意识，在身边少先队员中有较强的表率作用。从德智体美劳全面对学生进行评价，从班级到年级到校级，层层比拼与选拔，让学生全面参与，从海报点赞到现场展演，让学生深度参与。以此，掀起校园评优选先的热潮。

（2）结果性评价。以学年为评价单位时间，以班级为评价单位主体，划分上下学期，每学期期末以学生向阳花综合素质积分卡累计积分为主要评价依据，结合班级自有特色操行评定进行学生个性与全面的综合评价。

（3）个性评价。每学年上期，对学生个体的家国情怀、学业发展、艺术素养、身心发展、综合实践、规则素养六个方面进行评价。从"规则训练"的表现、学习成绩情况、社团表现、担任学生干部的表现、劳动及科技方面的表现，评比出以"花"为主题的奖项。如，先进花、有序花、文明花、礼仪花、学习花、进步花、艺术花、风采花、劳动花、科创花等；依照学生综合素质评价积分卡相对应规则花园栏目的得分情况，以及学生自评、教师评价等多方面的综合考评，以班级为单位评选十朵花，在期末会授予向阳花徽章。其中，家国情怀素养板块对应的是红领巾星章；规则素养板块对应的是有序花、礼仪花和文明花；智慧花园板块对应的是学习花、进步花；特色花园板块对应的是艺术花、体育花、科创花；实践花园板块对应的是劳动花与风采花。

| 项目 | 名称 | 评价内容 | 基础目标 | 评价过程 | 评价主体 |
|------|------|----------|----------|----------|----------|
| 家国情怀 | 红领巾星章 | 升旗集会 入少团队 | 1. 升旗能大声唱国歌，庄严行礼；<br>2. 争做榜样少先队员、共青团员； | 积分卡 学生互评 | 班主任 |
| 规则素养 | 有序花 | 路队集会 安静有序 | 1. 自觉遵守校规校纪；<br>2. 有较强自控力，在班级起模范作用；<br>3. 着装规范，言谈举止文明有礼； | 积分卡、 学生互评 | 班主任 |
| | 礼仪花 | 着装规范 言行有礼 | | 积分卡、 学生互评 | 班主任 |
| | 文明花 | 言语文明 行为得体 | | 积分卡、 学生互评 | 班主任 |

续表

| 项目 | 名称 | 评价内容 | 基础目标 | 评价过程 | 评价主体 |
|---|---|---|---|---|---|
| 学业发展 | 学习花 | 态度端正成绩优异 | 1. 认真学习，积极发言，认真完成作业；<br>2. 成绩上敢于拼搏，取得重大进步； | 积分卡、学生互评 | 班主任、学科教师 |
| | 进步花 | 锐意进取进步显著 | | 积分卡、学生互评 | 班主任、学科教师 |
| 艺术素养 | 艺术花 | 积极参与艺术绽放 | 1. 积极参加艺体科创活动；<br>2. 艺体科技有特长，班级内影响力大； | 积分卡、学生互评 | 班主任、艺术社团 |
| | 科创花 | 勇于探索科技创新 | | 积分卡、学生互评 | 班主任科技社团 |
| 身心发展 | 体育花 | 强健身体体育争先 | 体质健康测试优秀；<br>积极参加艺体科赛事并取得荣誉； | 积分卡、学生互评 | 班主任体育社团 |
| | 心育花 | 阳光心态 | 具备自我认识、人际交往以及应对困难和挫折等健康的心理素质 | 积分卡、学生互评 | 班主任学科教师 |
| 综合实践 | 劳动花 | 自愿服务勇于实践 | 热爱劳动，有服务社会的意识； | 积分卡、学生互评 | 班主任 |
| | 风采花 | 担任干部尽职尽责 | 积极担任干部，认真履行岗位职责； | 积分卡、学生互评 | 班主任校大队委校团委 |

（4）全面评价。每学年下期，综合学生五色德育积分卡四个栏目的总得分情况，在满足四个栏目的基本得分要求基础上，通过学生自评、学生互评和教师评价择优按年级层段评选荣誉称号。

① 低段1—3年级评选"向阳花宝贝"荣誉称号；

② 中段4—6年级评选"向阳花儿童"荣誉称号；

③ 高段7—9年级评选"向阳花少年"荣誉称号。

"向阳花"学生综合素质评价带给学生、老师、家长不一样的评价方式体验，把大家以前过多地对"智"的精力投入，变为全面记录学生在德智体美劳五个方面的成长过程。

3. 向阳花评价实施载体

（1）《葵宝成长记》让成长动态全程可视化。以促进学生全面发展为导向，提升校内教育质量，成都高新新源学校根据校情、学情，以一、二年级学生综合评价手册《葵宝成长记》编制和实施为载体，撬动学生综合素质发展质量的评价改革工作。《葵宝成长记》分月落实《中国学生核心素养》以及《义务教育质量评价指南》中对学生发展质量评价要求的五个方面和学校向阳花课程体系的评价内容。《葵宝成长记》中，每月学业发展、每月主题单元、学期末作业设计，由教学发展部牵头；每月品德发展、身心发展、审美素养，每月家校共育、劳动与社会实践等，由学生发展部负责。融合五育，体现学生人与自我、人与他人、人与社会三个基本评价维度。

| 名称 | 评价维度 | 板块 | 类型 |
| --- | --- | --- | --- |
| 《葵宝成长记》每月评价内容 | 人与自我<br>人与他人 | "葵宝我能行" | 自我介绍、品德发展、劳动与社会实践 |
| | 人与自我 | "葵宝爱学习" | 语文、数学、英语、艺术、体育、科学学科学习小结，促进身心发展、审美素养 |
| | 人与他人<br>人与社会 | "葵宝彩虹桥" | 家校共育：教师家长沟通学生的学习习惯、社会服务、家庭劳动。 |
| | 人与自我<br>人与他人 | "葵宝小收获" | 学月小结：自评、同学评、教师评、家长评 |

成都高新新源学校学生成长手册编制从一、二年级开始试点，未来将在1—9年级全面铺开，全面记录每一个"葵宝宝贝"的成长足迹，充分展现学生成长轨迹。

（2）"荣誉称号徽章"让成长结果可触化。每学年结束，根据学生"信念坚定""发展全面""品行高尚"三个维度，"家国情怀、学业发展、身心发展、艺术素养、综合实践、规则素养"六大板块综合素养发展情况授予"向阳花宝贝"荣誉称号徽章（1—3年级），"向阳花儿童"荣誉称号徽章（4—6年级），"向阳花少年"荣誉称号徽章（7—9年级）。

　　成都高新新源学校"向阳花"德育评价体现了多维度、多元性和多样化。一是评价内容多维：对课程本身、学生、德育队伍的评价；二是评价主体多元：教师、学生、家长、德育主管部门；三是评价载体多样：汇报展演、评优选先、《葵宝成长记——一年级学生评价手册》等。带给学生、老师、家长不一样的评价方式和评价体验，全面记录学生在德智体美劳五个方面的成长过程，架起家校社企沟通桥梁，共育新源学子健康成长。

# 第二章　课程研制篇：精装花儿精神家园

## 第一节　规则主题课程

### 一、课程理念

遵守规则是人类生活的前提和基础。我校开展的"规则教育"不是教师强行施加给学生的一种教育手段，而是师生在与环境、问题、矛盾冲突的互相作用中逐渐形成一系列的共同约定。规则教育的宗旨在于深入贯彻习近平新时代中国特色社会主义思想和党的二十大精神，实现立规、立能、立德，推动"立德树人"的根本德育任务的落实。

### 二、课程目标

促进学生养成良好的规则意识，形成和谐有序、温暖人心的集体，培养知礼仪、讲文明的社会合格公民，实现学校培养"品学兼修，尚美乐创"的阳光学生的育人目标。通过对学生规则教育的研究，构建具有普适性的规则教育体系。遵从学生行为习惯养成的规律，教师通过正面引导、榜样示范、检查督促等形式，逐步构建学生规则教育的课程体系。以落实"立德树人"根本任务，发展素质教育。

具体目标有：穿有样、站有相、坐有相；走路轻、说话轻、不追逐、不狂打；不乱丢、随手捡；不浪费、全吃完；招招手、点头笑；红灯停、绿灯行、过马路、不抢行；不插队、惜物品；做准备、认真听、大胆说、写好字。

### 三、课程内容

（一）学生规则标准构建

1. 四大分类

基本道德规则、学校活动规则、日常生活规则、公共交往规则。

2. 九个层次

1至9年级学生规则教育目标围绕"基本道德规则、学校活动规则、日常生活规则、公共交往规则"四个板块设置，注重体现学生年龄特点，注重体现各年级目标的内在联系，注重体现规则教育有梯度地实施。

（二）课程设置

1. 四类课程

专题活动课程、规则与生活教育课程、课堂规范、日常行为督查。

2. 课程安排

除了学校、年级、班级专题活动课程，课堂规范和日常行为督查，我们专门安排了每周一节的规则教育课，并落实规则教育课程评价，贯彻"以学生发展为本"的基本理念，促进每一位学生健康、全面发展，有利于学生在原有行为规范基础上的进步和可持续性发展。

（三）校本规则教育教材

根据学校规则教育标准，编写校本规则教育校本教材。

（四）各年级规则教育的实施

根据规则的形成、明辨、学习和实践的过程，通过四类课程的实施、评价和奖励，使学生将冲动、意识转化为行为，将行为固化为习惯，将习惯提升为终身受用的优秀品质。

## 四、课程实施

（一）营造规则教育氛围

着力打造规则教育校园文化，提高学生的规则意识，引发内心的认同感。利用晨会、班会、大型集会等开展规则教育，明理激趣。每周一升旗仪式、每周五班会课、每天进校，对学生规则养成进行督促教育和考核。班队会，利用诗歌、相声、小品、快板等艺术形式将规则具体化、形象化。

（二）开学规则教育专题活动

1. 规则训练

开学第一天发放规则训练方案，各班组织学生从路队规则、就餐规则、礼仪规则、课堂规则等方面进行规范训练，年级组长和下段行政验收，学校验收总结。

2. 规则验收

学生发展部统一制定一日规则，分年级分点训练，组织教师对各年级规则训练成果进行验收。

3. 榜样示范

学习老一辈革命家、英雄人物、劳动模范等规则小故事，介绍教师、学生、家长中先进人物事迹，评选校园十佳、规则示范个人，以榜样的力量影响全校师生及家长。

（三）规则教育专题展示月

1. 新生入学观看规则教育宣传片、表演规则教育校园剧、办小报、黑板报、讲故事、学规则；学国学，明规则，规则教育作文大赛等。

2. 根据节气和学月，创设规则教育训练重点：如3月植树节进行环保规则教育；4月开展礼仪规则教育；5月开展学习规则教育；6月开展交通规则教育，以展板的形式展示各年级规则教育成果。

（四）规则行为日常督查

发动学生自我监督，互相监督，举行评比，强化规则教育成果。学校值周教师、学校值周班级、校学生会干部、年级值周教师和学生、班主任层层落实学生日常行为检查和督促。

（五）规则教育课堂渗透

通过日常的课堂教学、学科教学渗透等方式，强化学生学习规则和日常行为规范。

（六）家校规则教育协作

每学期开学、期中和期末采用集中和分年级形式举行家长学校活动，对家长进行宣传和指导，配合学校规则教育活动，开展家庭规则教育和监督。

### 五、课程评价

（一）逐步细化、完善科学的学校常规评比制度，建立新源学校学生成长评价体系。

（二）对学生的评价：多层次多维度的评价

多维度：老师评价（评价表格呈现）、家长评价（调查表格呈现）、同伴评价（评价表格呈现）；

多层次：校级评价：学期末学生个性评价和全面评价（上期对学生德智体美劳"五育"的分类评价；下期对学生"五育的综合评价"）、十佳个人推选与表彰；年级评价：规则示范个人推选；班级评价：具有班级特色的规则示范个人推选。

（三）优秀团队评比：学月规则示范班评比、学期规则示范年级评比、十佳团队评比、优秀年级组评比等。

（四）我校对师生规则教育进行量化考核，学生的表现不仅要纳入学期综合素质考核与班级年度考评，还与教师的年终绩效挂钩。

（五）强化规则与生活教育课程评价

第一，学习习惯状态评价。①学生的参与评价；②学生的思维评价；③学生的达成评价；④学生的习惯评价。

第二，教师评价。①教师对规则教育行为评价；A.班主任对规则教育的目的是否明确，能否以平等的参与者身份帮助学生制定规则目标，确认和协调达到规则目标的最佳途径，与学生分享自己的感情和想法；B.班主任是否能恰当处理年级规则的细则，创造性地使用细则；C.班主任是否能为学生提供各种便利，营造一个接纳的、支持性的、宽容的规则教育氛围；D.班主任是否能引导学生形成良好的行为习惯，引导学生去亲身经历，促进学生成长进步；E.班主任是否能提供跨越时空和突破规则教育教与学界限的学习平台，教育学生遵守规则，在合作中成长；F.班主任是否能帮助学生对规则教育的过程和结果进行反思，学会对自己的学习进行评价、调节、控制和总结，在学习中学会提升。②班主任基本功评价，教师的姿态表情要乐观有感染力；教育语言清晰流畅，规范风趣。

# 第二节　学月主题课程

## 一、课程理念

坚守育人为本、发展至上、立德树人的核心价值观，丰盈、优化学校教育环境与土壤，以适宜充分的课程资源和动感愉悦的教育活动，开启生命潜能，释放生命活力，激发创新能力，实现生命全面、健康、有个性地蓬勃生长。核心内涵是：奠基生命蓬勃生长的素质和能力，着力生命内涵的丰盈、品质的提升、创造力的激发。对青少年加强理想信念教育，深化社会主义和共产主义宣传教育，深化中国特色社会主义和中国梦的宣传教育，弘扬以爱国主义为核心的民族精神和以改革创新为核心的时代精神，让理想信念的明灯在孩子们心中闪亮。

## 二、课程目标

（一）总体目标

遵守规则，珍爱生命，热爱生活，热爱劳动，形成健康积极的心态，乐于参与有意义的活动。能对生活中遇到的道德问题做出正确的判断和选择，初步形成民主、法治观念。关爱自然，初步形成保护生态环境的意识。热爱祖国历史、文化传统，尊重不同国家和人民的文化差异，具有开放的国际意识。初步养成良好的生活、劳动习惯，养成基本的文明行为。从培养全面发展的人出发，培养学生社会参与、自主发展。培养会健康生活、有责任担当的阳光向上的"向阳花"学生。

（二）专题育人目标

1. 法治教育

低年段（1—3年级）：了解法律是什么；知法懂法的重要性；初步培养少年儿童法律素养和道德情操。

中年段（4—6年级）：继续培养少年儿童的法律素养和道德情操，促进其健康发展；引导少年儿童树立社会主义法治观念和法治意识。根据少年儿童的心理、生理特点和接受能力，逐步培养其公民意识。

高年段（7—9年级）：结合与青少年相关的法律法规，帮助青少年养成遵纪守法的行为习惯；根据青少年的生理、心理特点，帮助其培养公民意识。

2. 感恩教育

低年段（1—3年级）：从小事做起，在生活和学习中用实际行动回报他人的厚爱。能理解感恩的意义，懂得珍惜尊重他人。

中年段（4—6年级）：能理解感恩的意义，让更多学生投入到感恩的实践中来，明白知恩言谢，能用小报或文章表达。

高年段（7—9年级）：在相关活动后，懂得感恩的持久性，懂得理解、体贴、宽容他人，能尽孝道。

3. 爱国主义教育

低年段（1—3年级）：教育学生知道自己是中国人，知道"中华人民共和国"是中国的全称，北京是祖国的首都，10月1日是国庆节，尊重国旗、国徽、国歌，认识版图，会唱国歌，能熟练朗诵国歌歌词，知道国旗图案的含义，能自觉参加升旗仪式，升旗时要行队礼。

中年段（4—6年级）：能认识党旗团旗队旗，知道七一建党节和八一建军节，了解少先队的队史，了解家乡的物产、名胜古迹、著名人物，会绘制家乡的版图，能收集一些家乡的史料，能充当义务小导游。

高年段（7—9年级）：知道我国是一个有56个民族组成的国家，能至少说出30个少数民族的名称。知道香港、澳门和台湾自古就是中国的一部分和我国"一国两制"的政策，并自觉树立为祖国的统一大业而奋斗的理想，会讲校史。

4. 安全教育

低年段（1—3年级）：具备掌握必要的安全常识；提高自我保护的意识和能力；争做合格、守法的公民。

中年段（4—6年级）：学习更多的安全防范知识；学会自我救助；把自己学到的安全知识传递给身边的人。

高年段（7—9年级）：会用安全教育增强自己的责任感；能够主动发现安全隐患并及时有效处理；学会用法律武器保护自己和他人。

### 三、课程内容

（一）学月主题课程

学校结合各类活动，以月为轴线设计12个主题单元，形成比较完善的"学月启动仪式、学月系列活动、学月闭幕式"课程形式。学校各部门、各年级、各班级三级联动，设计有阶段有层次的活动，组建专业评审团综合评价。在学月主题课程中，学生自主发展能力、积极参与社会、夯实文化基础，获得不同体验和全面发展。

| 时间 | 主题月名称 | 活动目标 | 时间 | 主题月名称 | 活动目标 |
|---|---|---|---|---|---|
| 1月 | 社会实践月 | 强化劳动观念<br>弘扬劳动精神 | 7月 | 红色文化月 | 学习红色文化<br>传承红色精神 |
| 2月 | 民俗文化月 | 孝亲敬长<br>辞旧迎新 | 8月 | 公益服务月 | 帮助他人、服务社会<br>传递爱心、传播文明 |
| 3月 | 数科创新月 | 培养学生<br>创新精神<br>科创素养 | 9月 | 规则育人月 | 自律自治，主动作为 |
| 4月 | 阳光体育月 | 阳光运动<br>健康成长 | 10月 | 同心运动月 | 团结、合作、竞争 |
| 5月 | 葵花艺术月 | 发现美、欣赏美、<br>创造美 | 11月 | 书香阅读月 | 厚植文化，潜心阅读 |
| 6月 | 传统文化月 | 传承经典<br>墨韵中华 | 12月 | 国际理解月 | 打开国际视野<br>促进多元交流 |

以阳光体育月和葵花艺术月为例。

作为成都市阳光体育示范学校，学校阳光体育注重全员参与、全面参与。10月"同心运动月"课程设置为年级趣味比赛和主题运动会。年级趣味比赛以年级为单位，结合不同学段学生的身心特征，组织形式多样的趣味体育竞赛活动。如，低段跳绳比赛、中段运球接力比赛、高段十字拔河篮球联赛等。每一届运动会都会冠以不同主题，并在开幕仪式上呈现。结合社会主义核心价值观和时代精神，运动会主题鲜明丰富，有国家、民族、城市、动物、爱国主义、中国精神、迎大运等；还与历史文化、地理生态、国际理解等教育深度融合。学生在参与的过程中收获、习得、成长，各类体育苗子在竞技类比赛课程中脱颖而出，有了良性的选拔和培养机制，体育硕果累累，篮球社团、啦啦操社团屡次在四川省、成都市、高新区各级体育赛事中获得一等奖。

5月艺术课程中，联合音乐、美术组教师积极筹备，策划呈现艺术月系列活动，开展主题画展，班级、年级艺术小达人擂台赛。邀请家长、教师、领导等齐参与、共评比，最终决出新源学校"艺术小达人"，优秀的节目在"六一嘉年华"活动中展示。艺术月德育课程充分体现新源艺术教育的普及性和全面性。

（二）学周主题课程

根据国际各项节日和学校实际，确定每周的课程目标，通过升旗仪式、班会课来开展学周主题课程。如结合学周主题课程开展升旗仪式，对学生进行主题教育，以《学周课程实施方案》为蓝本，通过部门统筹，年级班级积极组织，对学生进行爱国主义、环保安全、心理健康、生命教育、艺术体育等主题浸润，提高学生的责任担当，指导学生健康生活，培养向阳花学生。

例 新源学校2022—2023学年度（下）主题教育课程实施方案

| 周次 | 时间 | 负责班级 /<br>团队 | 主题 | 备注 |
|---|---|---|---|---|
| 一 | 2月14日 | 大队委、团委<br>学生会 | 开学典礼、开学第一课 | 现场展示 |
| 二 | 2月20日 | 团委学生会 | 心有规则·行有规范 | 现场展示 |
| 三 | 2月27日 | 大队委 | 喜迎两会·奋进新征程 | 现场展示 |
| 四 | 3月6日 | 四（1）班 | 致敬了不起的"她"<br>（3月8日国际妇女节宣讲） | 现场展示 |

续表

| 周次 | 时间 | 负责班级 /<br>团队 | 主题 | 备注 |
|---|---|---|---|---|
| 五 | 3 月 13 日 | 数学组（科信部、教学部） | 数科节启动仪式 | 现场展示 |
| 六 | 3 月 20 日 | 七（1）班 | 保护环境·节约资源<br>（3 月 22 日世界水日宣讲） | 现场展示 |
| 七 | 3 月 27 日 | 四（2）班 | 平安相伴·快乐成长<br>（3 月 27 日全国学生安全教育日宣讲） | 现场展示 |
| 八 | 4 月 3 日 | 团委学生会 | 缅怀先烈、继往开来<br>（4 月 5 日清明节宣讲） | 现场展示 |
| 九 | 4 月 10 日 | 体育组<br>（学生部） | 阳光运动月启动仪式 | 现场展示 |
| 十 | 4 月 17 日 | 七（2）班 | 读书好·好读书·读好书<br>（4 月 23 日世界读书日宣讲） | 现场展示 |
| 十一 | 4 月 24 日 | 四（3）班 | 探秘苍穹·筑梦复兴<br>（4 月 24 日中国航天日宣讲） | 现场展示 |
| 十二 | 5 月 1 日 | | 劳动节放假 | |
| 十三 | 5 月 8 日 | 音乐美术组<br>（学生部） | 艺术月启动仪式 | 现场展示 |
| 十四 | 5 月 15 日 | 七（3）班 | 走进博物馆·对话文明<br>（5 月 18 日国际博物馆日宣讲） | 现场展示 |
| 十五 | 5 月 22 日 | 心理社团<br>（学生部） | 我爱我·爱大家（5 月 25 日全国心理健康日宣讲，防校园欺凌教育） | 现场展示 |
| 十六 | 5 月 29 日 | 四（4）班 | 无烟环境·有爱生活<br>（5 月 31 日世界无烟日宣讲） | 现场展示 |
| 十七 | 6 月 5 日 | 国学组<br>（教师部） | 传统文化月启动仪式 | 现场展示 |
| 十八 | 6 月 12 日 | 七（4）班 | 弘扬奥林匹克精神·强健中华儿女体魄<br>（6 月 23 日国际奥林匹克日宣讲、爱成都迎大运宣讲） | 现场展示 |
| 十九 | 6 月 19 日 | 四（5）班 | 浓情端午·传承文化<br>（6 月 18 日文化和自然遗产日宣讲） | 现场展示 |

（三）典礼仪式课程

注重典礼仪式课程育人功能。一、七年级开设入学课程，以仪式感教育为载体，增强学生文化认同感和归属感；六年级开展成长衔接课程，举行成长典礼，让学生感受中学生活，做好学业准备和心理建设，以提前适应中学生活；九年级开设感恩远行课程，举行"青春筑梦远航"毕业典礼，让学生懂得感恩教师、感恩家人、感恩母校、回报社会，引领学生做长远的生涯规划。

结合重大节庆日开展各类仪式课程。一是开学典礼暨开学第一课，开设爱国主义教育、天府文化、社会主义核心价值观、防疫知识教育等浸润课程；二是"六一嘉年华暨少先队入队仪式"，如艺术展演、美食汇、六一庆祝活动等；三是"散学典礼暨元旦喜乐会"，如总结收获、启航假期的散学典礼，传统文化、学科趣味赛等主题的元旦喜乐会。

## 四、课程实施

通过多年的德育课程实践，我校总结出"向阳花"德育课程推进的"六个一"实施策略。

（一）贯穿一个主旋律——即培养全面发展的"品学兼修、尚美乐创"的阳光学生。

（二）开展一系列课程——围绕向阳花课程体系，开设全面全员、丰富多彩的实践体验课程。

（三）构建一个机制——构建家校社三位一体的教育合作工作机制。

（四）建设一支队伍——培养一支具有创新尚美精神的德育教师队伍、学生队伍和家长队伍。

（五）强化一项工作——坚持并加强对学生"规则素养"的养成教育，促进优良校风的形成。

（六）营造一个环境——加强班级、年级、校园文化建设，优化育人环境。

案例2-1

## 齐锻炼·养身心·勇夺冠

### ——新源师生积极参加4月运动月系列活动

"来场运动大比拼、燃烧你的卡路里"——春暖花开、草长莺飞的4月，新源学校举行了主题为"齐锻炼·养身心·勇夺冠"的运动月系列活动。活动包括三个篇章。

养身心——体育课堂组织观看竞技类电影。《摔跤吧爸爸》《攀登者》等电影掀起了同学们励志、竞技、感恩及爱国主义情怀的热潮。

齐锻炼——在家体锻打卡、师生锻炼互动，老师们的视频示范吸引了同学们踊跃参加，争当校园内外的"运动小达人"！

勇夺冠——各年级趣味运动比赛陆续开展，同学们的积极参与不但开阔了视野、丰富了知识，锻炼了体魄，凝聚了团队，也让运动小达人更加内外兼修！

养健康生活习惯、树立爱国之心。运动月活动虽然暂时落幕，但锻炼身体、修养身心的习惯不会止步。新源学子将继续外强体魄、内修德才，成为"品学兼修、尚美乐创"的向阳花！

案例2-2

## 红色百年·我心向党

### ——新源学校2021艺术月"建党百年"系列庆祝活动

"接天莲叶无穷碧，映日荷花别样红"。在这夏意盎然、阳光明媚的5月里，我校第二届"艺术小达人"才艺大赛开幕了。

我校在建党百年之际，面向全体学生，以红色主题美育作为宗旨，贯彻艺术教育思想新观念，促进学生的全面发展为指导思想，展现我校学生的青春风采和精神风貌，达成我校"品学兼修，尚美乐创"的育人目标，开展了第二届"艺术小达人"才艺大赛。

此次比赛分初赛（班级擂台赛）和决赛（年级才艺赛）进行，学校1—8年级的学生参加。

初赛分别在各班的音乐课进行。同学们的节目丰富多彩，有声乐、舞蹈、器乐等。

每位音乐老师根据初赛情况，在每个班筛选出一部分节目进入"艺术小达人"决赛。决赛在5月18日—27日中午12点40分学校阶梯教室进行，每个年级的所有师生全程观摩。每个年级所有孩子在观看比赛中受到鼓舞，感受艺术的熏陶。每场比赛，欢呼声、音乐声此起彼伏，呈现出热闹的氛围。

同时，美术画展也火热进行，同学们的主题美术创作在学校艺术坊展出，装点了校园，也丰富了校园生活，红色百年，新源学子用艺术向中国共产党百年华诞献礼！

案例2-3

## 礼赞百年路　启航新征程
——成都高新新源学校初2021届毕业典礼

毕业是各奔东西甚至天各一方的分别，毕业是执手相握、心心相印的经典时刻，低眉处无奈流年似水，扬帆行有志风华如火。

6月30日14∶30，新源学校初2021届毕业典礼在阶梯教室隆重举行。300余位师生、家长欢聚一堂，以一场主题为"爱国、爱党、爱家、回望、远行"

的盛大仪式，为这一届的教学和学习生活画上一个华丽的惊叹号！同学们手牵着手，依次走过红地毯，告别昨日的青春时光，去拥抱自己的梦想和未来的人生。全体学校领导和年级组老师守候在红地毯两侧，用热烈的掌声对同学们顺利完成在新源的学习生活表示衷心地祝贺。

在短暂而别开生面的入场仪式结束之后，六名主持人登场，宣布毕业典礼正式开始。典礼共分五个篇章，分别是"泱泱中华，文明耀世""横空出世，强我中华""家风传承，孝行天下""授我学业，感恩相随""骊歌未央，我辈自强"。

**第一篇章："泱泱中华，文明耀世"**

爱国，是一面飘扬在中国永不褪色的旗帜，泱泱中华，上下五千年历史，中华文明何其耀世，老师同学们一起观看了《中华历史年表》，一起回顾中华文明、感受历史的力量。同学们为大家带来美轮美奂的汉唐古典舞《博袖舞》和热血澎湃的《恰同学少年》，引领我们在场的每一位嘉宾思考爱国的含义。

**第二篇章："横空出世，强我中华"**

深思往昔峥嵘岁月，中国人民在中国共产党的带领下，取得了一项又一项举世瞩目的成就。生在当今和平美好的时代，我们无疑是幸福的。一段党史让我们感受百年征程的不易，感恩党的付出。全体九年级老师带来一首《没有共产党就没有新中国》，学生带来诗朗诵《青春中国》，礼赞百年路。

**第三篇章："家风传承，孝行天下"**

父母是遮阳的大树，是育花的器皿，是鸿沟上的桥梁，是岔路的方向标。一段家长视频说出他们的殷殷嘱托和对孩子们的美好祝福，课本剧《弟子规》和一首《爸爸妈妈》，让我们看到了学生对家风传承的理解，看到了对父母的感恩和孝心。

**第四篇章："授我学业，感恩相随"**

春蚕一生没有说过自诩的话，那吐出的银丝就是丈量生命价值的尺子，老师从未在别人面前炫耀过，但那盛开的桃李，就是最高的评价。

我们的"大班主任"杨芳校长，为同学们带来了题为"感恩生活、珍惜当下、挑战未来"的主旨发言。杨校长勉励同学们，要以中考、以毕业为崭新的人生起点，无论分数如何，都要保持这种为了心中的目标坚持不懈努力拼搏的精神，去开创自己更加辉煌灿烂的明天。

一段学生在校的回顾短片，一段老师对孩子们的美好祝愿，一段《让世界充满爱》的舞蹈，一曲《听我说谢谢你》的感恩，让我们热泪盈眶。

**第五篇章："骊歌未央，我辈自强"**

从起点，到尽头，有着相遇时的喜悦，一起生活时的安心，也有离别时的折磨。如果心在远方，只需要勇敢前行，梦想自会引路。一段《逐梦远航》的激情舞蹈，赢得了同学们热烈的掌声。杨芳校长为同学们颁发毕业纪念卡，愿同学们乘风破浪，前程似锦。同学和老师一起带来朗诵《远航》，深情款款，老师们在新源等同学们辉煌。

最后，一首《长大后我就成了你》的歌声响起，志愿者们走上舞台，把一束束美丽的鲜花献给为同学们辛勤付出的老师，在欢快的氛围中，毕业典礼圆满落下了帷幕。愿同学们前程似锦！


## 五、课程评价

"向阳花"德育课程评价对象多维，即对课程本身、学生、德育队伍的评价；主题多元，教师、学生、家长、德育主管部门共同参与；形式多样，采用汇报展演、评优选先等多种方式。

（一）对学生的评价

除了常规的市区级评优选先之外，我校有具有特色的学生个性与全面评价体系。

1. 个性评价

每学年上期，对学生的德智体美劳科创六个方面进行评价。根据学生表现评选出以"花"为主题的奖项，如，应对规则的有：有序花、文明花、礼仪花；应对学习的有：学习花、进步花；应对科技特色的有科技花，等等，在期末会授予学生限量版定制的向阳花徽章。

2. 全面评价

每学期下期，针对本学年学生德智体美劳各方面的综合表现，累计得花，最终在低段1—3年级评选"向阳花宝贝"、中段4—6年级评选"向阳花儿童"、7—9年级评选"向阳花少年"，期末颁发定制的向阳花证书。

（二）对班级的评价

每学年下期，对班级进行综合评比，评出"十佳团队"并予以公布表彰，除此之外，每一周，我们都会举行规则示范班的评选，营造班级间你追我赶的学习氛围。

（三）对德育队伍的评价

每年3月，我校举行向阳花班主任节，通过系列活动的开展，在校园内外形成感恩正副班主任的和谐氛围，激发正副班主任的工作热情，提升教育艺术。并通过"金牌班主任""优秀年级组"的评选，促进正副班主任的专业发展。

# 第三节　社会实践课程

## 一、课程理念

"读万卷书，行万里路"，新源学校社会实践课程坚持教育与生产劳动、社会实践相结合，引导学生在社会实践中获得关于自我、自然、社会的真实体验，建立学习与生活的有机联系。同时，在社会生活体验中深入理解和践行社会主义核心价值观，培养价值体认、责任担当、问题解决、创意物化等方面的意识和能力。

新源学校社会实践课程架构于学校向阳花课程之中，坚持"养正日新，厚源致远"，给学生以适宜充分的社会实践资源，开启生命潜能，释放生命活力，激发创新能力，增强公民意识，实现向阳花学子全面、健康、有个性地蓬勃生长。

### 二、课程目标

（一）培养学生综合素质

新源学校社会实践课程强调学生综合运用各学科知识，认识、分析和解决社会实践中的问题，提升综合素质，着力发展核心素养，增强创新精神、实践能力和社会责任感，以适应快速变化的社会生活，迎接信息时代和知识社会的挑战。

（二）引导学生走向生活

新源学校社会实践课程面向学生真实的生活世界，引导学生从日常学习、社会生活或与大自然的接触中发现问题、解决问题，在实际生活场景中运用所学解决真实的问题，充分感受学校知识在社会生活中的用处。

（三）注重学生亲身实践

新源学校社会实践课程鼓励学生从自身成长需要出发，主动参与并亲身经历实践过程，体验并践行价值信念。在课程实施的过程中，注重学生的参与设计、体验和调整。学生的亲身实践不仅仅是在社会实践中的参与，更是对课程实施与调整的参与。

### 三、课程内容

新源学校社会实践课程主要包含两大类课程内容：第一，层级式研学旅行课程，分年级、分模块开展春秋两季的研学旅行；第二，公益式服务实践课程，让学生深入社会进行公益服务和实践学习。

#### （一）层级式研学旅行课程

依托不同年级的学生年龄认知特征，分年级分模块开发层级式研学旅行课程，尝试让学生在9年的不同学段中收获适合的社会实践体验。

如一、二年级以"陪伴成长"为主题，三、四年级以"探索自然"为主题，五年级以"团结协作挑战自我"为主题，六至九年级则以"文化体验团队提升"为主题，设计符合不同年级、阶段的活动主题，以此探寻九年一贯制学校的年段层级式教育发展。最后通过家长评价、学生互评、教师评价三个方面共同对学生活动参与情况进行综合评价。

#### （二）公益式服务实践课程

这类课程是学校与社区共建共享的体现，每个寒暑假学生走出校门、走入社区、深入社会，到各行各业进行公益服务或实践学习，在活动中履行社会公益服务义务，学习社会实践知识，在适应社会、服务社会中增强社会责任感和使命感。

| 主题 | 年级 | 层级式研学旅行课程（上学期） | 公益式服务实践课程（暑假篇） | 层级式研学旅行课程（下学期） | 公益式服务实践课程（寒假篇） |
|---|---|---|---|---|---|
| 认识自然感受生活 | 1年级 | 向阳花宝贝与动物交朋友——参观动物园 | 向阳花宝贝能自理——整理房间 | 向阳花宝贝来感受、游戏童年——玩中学、学中玩 | 我有一双小巧手——习俗剪纸 |
| | 2年级 | 向阳花宝贝的梦幻童年——梦幻岛体验 | 向阳花宝贝来当家会做家务（扫地、整理） | 向阳花宝贝与动物——动物牧场探奇 | 向阳花宝贝来画春节——习俗绘画 |

续表

| 主题 | 年级 | 层级式研学旅行课程（上学期） | 公益式服务实践课程（暑假篇） | 层级式研学旅行课程（下学期） | 公益式服务实践课程（寒假篇） |
|---|---|---|---|---|---|
| 动手操作挑战自我 | 3年级 | 向阳花宝贝来种菜——活力农耕体验 | 向阳花宝贝来服务——社区公益 | 向阳花宝贝会制作——魅力陶艺体验 | 向阳花宝贝说春节——庙会初体验 |
| | 4年级 | 向阳花儿童挑战自我——国色天乡体验 | 向阳花儿童来服务——社区公益 | 向阳花儿童能动手——创意木工坊探秘 | 向阳花儿童春节乐——庙会初体验 |
| 漫游历史研学旅行 | 5年级 | 向阳花儿童的快乐童年——水果侠基地体验 | 向阳花儿童来服务——社区公益 | 向阳花儿童传承天府文化——走进锦里、武侯祠 | 向阳花儿童春节乐——庙会初体验 |
| | 6年级 | 向阳花儿童研学旅行（时间、地点待定） | 向阳花儿童来服务——社区公益 | 向阳花儿童当厨师——厨艺体验 | 向阳花儿童春节乐——大庙会探奇 |
| 爱国情怀拓展提升 | 7年级 | 向阳花少年与历史对话——考察金沙遗址 | 向阳花少年来研究——传统文化研究、团辅课程 | 向阳花少年学茶艺——品味茶文化 | 向阳花少年献爱心——关爱老人 |
| | 8年级 | 向阳花少年品味国学——考察杜甫草堂 | 向阳花少年来研究——科技览胜 | 向阳花少年来考察——都江堰水利工程考察、昆虫博物馆考察 | 向阳花少年来劝导——文明劝导 |
| 爱国情怀拓展提升 | 9年级 | 向阳花少年爱国爱川爱家乡——考察建川博物馆 | | 感恩亲情，感恩新源——亲子拓展活动 | 向阳花少年春节乐——大庙会探奇 |

## 四、课程实施

新源学校社会实践的实施从层级式研学旅行课程和公益式服务实践课程两个模块来推进，实施的过程以学生的成长需求为出发点，各有侧重，各有特色。

（一）层级式研学旅行课程实施

新源学校社会实践课程主要分为三个部分：第一，前置学习：出发前学科教师在自己所任教的班级，利用课堂时间组织学生对相关背景知识进行前置学习，内容涵盖语文、数学、英语、美术、音乐等学科。第二，课中学习：在课程中以小组为单位开展研学课程，每天由研学导师现场授课，当天课程结束后由本校教师轮流总结，对学生当日所学进行梳理提升，学科渗透。第三，评价拓展：在课程实施的后期阶段组织学生进行自我评价，学校、家长评价等；同时，在本年级、全校分别进行研学分享会（即成长典礼）。

案例2-4

### 追寻红色足迹，放飞创新之翼
#### ——新源学校红色研学社会实践

引言：让学生在研学中感知红色文化，在社会实践中引导新源学子不断增强永远跟党走的信仰、信念、信心，争做担当民族复兴大任的时代新人。

前置学习：出发前学科教师在自己所任教的班级，利用课堂时间组织学生对相关背景知识进行前置学习，内容涵盖语文、数学、英语、美术、音乐等学科：语文教师《走进诗仙李白》专题课、数学老师《两弹里的数学》、英语老师《用英语讲中国传统故事》、美术老师《东方主题乐园的设计和呈现》等。

课中学习：在课程中以小组为单位开展研学课程，每天由研学导师现场授课，当天课程结束后，由本校教师轮流总结，对学生当日所学进行梳理提升，学科渗透。

其中，课中学习根据时间安排表计划如下。

【第一天】传承红色基因——两弹城

中国两弹城是我国继青海原子城之后第二个核武器研制基地的总部。"两弹城"以红色文化为内涵，至今"两弹城"仍完整地保存着众多纪念实物，在第三次全国文物普查中，被列入全国100大文物新发现之列。学生可能知道"邓稼先""原子弹""氢弹""两弹元勋"这些耳熟能详的词语是书本里就讲过的知识点，但其对于我们国家的重大意义理解不深。大多数人可能听说过他们当时"很艰苦"，却只有少数人知道这个"艰苦"到底意味着什么。

【第二天】上下五千年文化＋科技体验——方特东方神画

绵阳方特东方神画位于四川省绵阳江油市，是一座大型文化高科技主题乐园。乐园以中华历史文化传承为主题，通过全新的内容创意、技术创新和精妙布局，融合神话传说、历史典故、民俗风情，让我们感受科技与文化交融碰撞的无限魅力。乐园综合运用动态球幕飞行影院、全景式 AR、综合立体轨道、程控魔砖等领先科技，融合真人演绎等多种表现手法，以参与、体验、互动的方式，为我们展开一幅中华五千年历史文明精粹的灿烂画卷。

【第三天】诗仙李白——故里寻踪

四川江油市是唐代诗人李白的故乡。李白故里是以唐代大诗人、"诗仙"李白的故居为主的人文景观长廊。李白，字太白，号青莲居士。在导游的解说中，我们或吟诵李白诗歌、或了解李白故事、或欣赏各种造型碑壁上镌刻的李白诗歌，穿行在各个景点，登上高大的太白楼，通过听记、吟唱、远望，李白的浪漫主义风格创作潜移默化在我们的心里，山川风物美景尽收我们的眼底。

课后拓展：课程结束后组织学生在本年级、全校分别进行研学分享会："童心向党，谁与争锋"辩论赛；"告别童年，迎接青春"成长典礼；"追寻红色足迹"课程手册评比展示。

此次研学旅行，激起了学生的爱国热情和斗志，坚定共产主义理想和中国特色社会主义信念，把红色创新精神学到家、学到骨髓里去，在今后的学习生活中，发挥模范带头作用，用实际行动践行自己的誓言，争做新时代好少年。

（二）公益式服务实践课程实施

公益式服务实践课程让学生在服务家庭、学校和社区中提高学生的责任感，培养学生的公益行为、意识和能力，促进学生全面健康发展。每年寒暑假，学校周边的新园社区、新街社区、新南社区都会看到新源学子们热心公益的身影，或维护社区公共环境卫生、或帮助孤寡老人解决生活难题等。

案例2-5

## 社会实践活动之慰问孤寡老人

引言：在公益式服务社会实践课程中，新源学子走进社区敬老院，陪老人聊天、为老人们表演节目、担任临时"小小清洁工"，热心服务，只为老人脸上绽开的笑容。

孟子云："老吾老以及人之老，幼吾幼以及人之幼"。尊老、敬老是中华民族的传统美德。8月10日下午，新源学校四年级（3）班的骆一乐、贾逸航等几位小志愿者来到成都石羊敬老院看望生活在这里的老人，为老人带去了牛奶、蛋糕等慰问品，还为老人献上了精心准备的小节目，看到老人的笑容，志愿者们也兴奋不已。

节目表演完毕，志愿者们拉着老人的手一起聊天，"爷爷，您多大年纪了，您身体好吗？您每天都做些什么呀……"虽然小志愿者们的问题都很稚嫩，但老人却聊得异常开心。此刻，大家也明白了，老人什么也不缺，他们最需要的仅仅是陪伴。时间过得很快，一会儿工夫，就到了老人的午休时间，为了不打扰老人，小志愿者们依依不舍地离开。

正当志愿者们准备离开时，发现院子里到处是落叶，平时老人扶着的栏杆也布满灰尘。于是小志愿者们二话不说，临时担任"小小清洁工"，拿起院子里的工具说干就干，虽然太阳火辣辣地照耀着，气温很高，但想到老人能在干净的院落里散步，志愿者们纵然汗流浃背也并不觉得累，一会儿工夫，小院就被收拾得干干净净。

这次短暂的敬老院实践活动，让志愿者们看到了老人的孤独，也感受到了自己肩上担子的沉重。志愿者们也暗暗下决心，以后要不定期地去慰问老人，为老人做力所能及的事情。


### 五、课程评价

新源学校社会实践课程注重过程性评价，包括对社会实践课程参与主体——学生的评价，同时也包括对社会实践课程设计的评价。新课改环境下课程评价鼓励学生积极参与评价，也为学生参与评价创造了积极的环境，给学生创造一个自我认识的机会。学校在每一次的社会实践课程手册中都设计包含学生自评、同学互评、老师评价、家长评价的部分，社会实践课程中的评价，一方面来促进学生不断根据评价结果调整自己的行为，另一方面来改进学校对社会实践课程的设计和实施，最大限度发挥评价的激励和调整功能。

新源学校社会实践课程"自评"标准

| 评价细则 | 十分满意 | 满意 | 仍需改进 |
|---|---|---|---|
| 自己收拾好行李并打包 | ☆☆☆ | ☆☆ | ☆ |
| 了解目的地的情况 | | | |
| 遵守行程规定与安排 | | | |
| 积极主动参与集体活动 | | | |
| 在公共场合懂文明、讲礼貌 | | | |
| 在行程中关心同学、尊敬师长 | | | |
| 在活动中团结友爱、互帮互助 | | | |
| 生活自理，锻炼自己的独立自主能力 | | | |
| 健康饮食，不浪费粮食 | | | |
| 遇到紧急情况，冷静应对不慌张 | | | |
| 保护好人身与财产安全 | | | |
| 安全出行，遵守交通规则 | | | |
| 爱护公物，遵守公共秩序 | | | |
| 保护环境，维护公共卫生 | | | |
| 认真记录行程中的见闻与感悟 | | | |
| 经常在活动后总结收获，反思不足 | | | |
| 克服困难，顺利完成研学活动 | | | |

# 第四节　文化浸润课程

## 一、课程理念

新源学校德育文化浸润课程坚持"全环境立德树人，共聚力培根铸魂"，坚持学生美好德行的培养、健康品质的形成、正确价值观的确立，就在学生日常点滴生活之中、文化浸润之中，学校课堂中的合作、交往中的诚信、值日中的负责、活动中的自律、合作中的友善、失败时的坚忍等，构成了影响学生终身发展，促进社会进步、国家富强和民族复兴的核心素养，这也是新源学校文化浸润课程开展的重大议题。

## 二、课程目标

### （一）实现全方位全时空育人

《中小学德育工作指南》强调文化育人，从优化校园环境、营造文化氛围、建设网络文化等方面加强校园文化建设，让校园处处成为育人场所，实现全方位、全时空、全员育人。

### （二）营造积极向上的班级文化

班级环境的美化，氛围温馨，每一个学生都受到环境美的熏陶，进而心灵也愈加美丽；同时，通过开展有益的班集体活动，营造团结友爱的班风。

### （三）建设丰富活跃的社团文化

校园社团是挖掘学生潜力、拓展学生能力、丰富校园文化氛围的重要推手，也是校园文化建设的重要组成部分。开展社团活动，有利于充实校园文化的育人体系。

### （四）打造整洁幽雅的环境文化

环境文化是精神文化的载体，也是校园里最基本的文化。学生身处其中受到美的感化，从而自觉规范个人行为，投身于爱护校园环境的活动之中。

## 三、课程内容

新源学校德育文化浸润课程主要包含校园文化浸润课程和校园艺体社团浸润课程。

新源学校校园文化浸润课程主要指校园文化和班级文化建设，每一个中队及团支部建设特色鲜明的团队文化，在集体精神文化和物质文化中不断增强学生的主人翁精神、团队归属感和团队荣誉感，创设优质环境，丰富校园文化。充分利用广播、电子屏、宣传栏、走廊、阅览室、新媒体平台等，弘扬社会主义核心价值观，营造高雅优美、富有活力的校园文化环境，开展高雅艺术进校园、校园直通车等活动。

依托校级社团，开发艺体课程。从学校校情出发，尊重学生个性需求，以城市少年宫为载体，激励学生通过积极参加艺术体育科技活动，学生发展一到两门兴趣特长。我校"向阳花"德育课程在每一天、每一周、每一月都有明确的育人目标，实施过程中从学校到年级、从年级到班级，逐步细化小目标予以达成，最终实现对学生全面、全员的素质培养。

### 四、课程实施

（一）新源学校校园文化浸润课程的实施

每学期开学，新源学校都会开展校园文化浸润课程，如在班级文化课程的实施过程中，班主任老师及课任老师带领班级学生学习班级文化建设理念，动手动脑分工合作进行班级建设设计实操，让教室里的每一面墙壁都"说起话来"，让每一份优秀学生作品都得到展示，把班级文化建设和班级团队成长结合起来。

（二）新源学校校园艺体社团浸润课程的实施

依托学校特色的"阳光"体育，"尚美"艺术与"乐创"科技来推动学生艺术、体育、科学的发展，新源学校校园艺体社团浸润课程创设学业＋一项体育＋一门艺术的"1+x+y"的学生培养模式，在城市少年宫、年级兴趣班、校级兴趣班、周六托管兴趣班中打造艺术体育科创社团。开展篮球、排球、足球、乒乓球、啦啦操、跆拳道、田径、合唱、校园剧、口风琴、舞蹈、线描色彩、书法绘画、绘本画、机器人等项目的训练及参赛组织。

### 五、课程评价

新源学校德育文化浸润课程评价坚持教师主导、学生参与、家长共建，努力实现评价主体多元化，对课程参与的主体——学生或学生全体班级、年级等进行评价，同时对学校德育文化浸润课程本身进行评价。

案例2-6

德育文化浸润课程，对课程参与的主体——全体班级进行评价，在评价的过程中，发现总结班级文化建设方面的经验与做法，丰富德育文化浸润课程。

## 新源学校2021—2022学年上期班级文化评比方案

一、评比意义：

1.促进班级文化布置的有效落实，重视班级文化对班级建设的突出作用；

2.通过参观评比，促进年级间班级文化建设的互相学习；

二、评比时间：

2021年9月13日（第三周周一）下午教师大会之后

三、参与人员：

1—9年级年级组长及下段行政、全体班主任、学生发展部行政及干事

四、评比方式

采用无记名打分，按1—3年级、4—6年级、7—9年级为评比单位，评选出班级文化建设优秀班级约20个，优秀年级3个。

五、评比内容及评比标准

1.黑板报；

2.班级文化张贴布置。

### 新源学校班级黑板报评比细则

班级_____　　得分_____

| 评分内容 | 评比标准 | 权重分 | 得分 |
|---|---|---|---|
| 内容 | 主题突出，内容健康向上。 | 2 | |
| 书写 | 正确、端正、整齐、美观；无错字、错句；要求写楷书。 | 3 | |
| 排版 | 合理、大方、美观（低段要求活泼）。 | 2 | |
| 其他 | 插图精致；版面整洁；整体设计独特，富有个性；学生自主完成（低段师生合作）。 | 3 | |
| 总分 | | | |
| 班级环境 | | | |

## 六、评分人员分工

| | |
|---|---|
| 一、二、三年级 | 李丽超（负责人）、赖向宏、梅寒飞、卢登辉、傅娅玲、韩欣、裴蕊、1—3年级班主任 |
| 四、五、六年级 | 康琼仙（负责人）、戴琳琳、张玲、谭海军、陈谦、徐小玲、4—6年级班主任 |
| 七、八、九年级 | 周鹏（负责人）、徐刚、郭俊、黄中荣、周骁、况明、韩娟、7—9年级班主任 |

## 第五节　学科融合课程

### 一、课程理念

习近平总书记指出："要用好课堂教学这个主渠道，思想政治理论课要坚持在改进中加强，提升思想政治教育亲和力和针对性，满足学生成长发展需求和期待，其他各门课都要守好一段渠、种好责任田，使各类课程与思想政治理论课同向同行，形成协同效应。"《义务教育语文课程标准（2022年版）》指导思想中指出："坚持德育为先，提升智育水平，加强体育美育，落实劳动教育，反映时代特征，努力构建具有中国特色、世界水准的义务教育课程体系。"同时，义务教育段各个学科的课程标准均提出"跨学科学习"这一学习任务群。

由此可见，五育并举、学科融合育人是新时代教育改革与发展的基本趋势。加强多学科融合，打破学科之间的界限，融通各学科知识，使学科之间相互渗透、相互交叉，强化课程协同育人功能，从而提升学生的综合素质，"培养学生适应未来发展的正确价值观、必备品格和关键能力，引导学生明确人生发展方向，成长为德智体美劳全面发展的社会主义建设者和接班人"。

本节的学科融合课程是以实现立德树人根本任务为价值取向，以学生的全面发展为价值旨归，以学科融合为方式创新，培养有理想信念、有责任担当、积极参与社会、会健康生活、能自主发展的阳光向上的"向阳花"学生。

### 二、课程目标

培养学生增强爱国意识和社会责任意识，了解中华优秀传统文化、革命文化和社会主义先进文化，引导学生准确理解和把握社会主义核心价值观的深刻内涵和实践要求，养成良好政治素质、道德品质、法治意识和行为习惯，形成积极健康的人格和良好心理品质，唤起、激发、培养学生的尚美精神和人文素养，着力创新能力的培养、鼓励大胆实践，实现知识素养、能力素养、道德素养、情感素养、审美素养、个性素养的全面培养，开启蓬勃生长、幸福美好的优质人生。

### 三、课程内容

学科融合课程包括学科内融合课程和学科间融合课程。学科内融合课程主要指以单元为核心的整合课程与以主题为核心的整合课程；学科间融合课程主要指以学科融合育人理念为指导，开发的渗透德育、美育和劳动教育的学科课程。

（一）向内挖掘——学科内融合课程

学科内融合课程是指以某一学科为主，学科教师围绕本学科单元内容或者单元主题整合后进行设计、开发、实施的渗透德育的课程，主要有单元融合课程与主题整合课程。教师在学科内进行单元内或者单元间知识与知识、知识与能力、知识与核心价值等的整合，解决学科知识碎片化、学习过程浅表化的问题，帮助学生结构化建构知识，提升学生全面分析问题、解决问题的能力，并由此融入对学生的情感、态度、价值观教育。

每一个教师都是德育工作者。德育不仅仅是班主任的工作，各学科教师在日常教学中，都应该根据学科特点，将德育元素融入其中。学科内融合课程涵盖了本校小学、初中所有学科课程，学科教师在目标设计、情境创设、任务驱动、活动开展、教学评价各教学环节中寻找契机，浸润德育元素，让学生在潜移默化中，既获得知识增长，又实现精神成长。

（二）向外融合——学科间融合课程

学科间融合课程指围绕某一核心问题或者核心概念整合不同学科内容形成一个新的教学单元或新的项目。相较于学科内融合，跨学科融合打破了原有的学科界限，从学生的角度对不同学科知识进行内容重构、结构优化和价值统整，关注学生体验与参与，通过项目推进的方式提升学生运用整合性的知识分析问题、解决问题的能力。

本校学科间融合课程分设四个项目组：国际理解项目组、人与城项目组、STEAM 项目组、劳动项目组。各项目组在项目设计中的各个环节融入德育元素，形成了爱世界、爱家乡、爱科学、爱劳动的学科融合育人体系。

四、课程实施

（一）课程参与全员化

本校教师全员参与学科融合课程渗透德育元素，主要有两种方式：一是立足本学科的特点，在教学设计、教学实施、教学评价各个环节中渗透德育元素；二是参与到学校的各个项目中，开发学科间融合课程，来提升学生分析问题、解决问题的能力。

（二）课程设计结构化

本校教师在进行教学设计时，主要采取以下两种方式：第一，学科内融合课程以教材单元内容或某一主题、概念为指向，确立解决的核心问题，设计核心任务，并将其分解为子任务，最终达到解决问题的目的。第二，学科间融合课程围绕跨学科知识与学生生活链接的项目主题，提炼核心概念与关键能力，设计驱动问题，形成项目规划，并提供学习支架支持学生设计、实施、完成项目，最后进行总结反思。

（三）课程内容精准化

学科融合课程内容秉持"以终为始"的原则，将学生学习的兴趣点与困感点作为着力点，根据学生的学情进行逆向教学设计：学科内融合课程追求以单元或主题为核心的深度学习，促进学生在学习中激活原有经验、整合现有知识、解决核心问题，提升思想境界，丰富实践经历；学科间融合课程追求以核心概念为要旨的融合学习，促进学生实现不同学科间知识与能力的融通与迁移，培养学生的知识统整与融合能力，学会自主发展。

（四）实施方式多样化

学科内融合课程可在日常教学中挖掘德育元素，适当推进；也可依托学校主题活动系列课程，在学月活动中序列化逐步进行，如传统文化月，语文、历史、美术、音乐等学科根据学月主题在教学情境中培养学生了解、热爱并发扬中华优秀传统文化。学科间融合课程可依托各项目组的课题或学年规划实施推进，围绕爱世界、爱家乡、爱科学、爱劳动四大主题设计实施，同时也可与班主任节主题班会课相结合，进行赛事评比。

五、典型案例

案例2-7

学科内融合课程

编者按：本课属于拓展型学习任务群之"跨学科学习"板块。围绕"天下国家"主题组建小组，以诗词为载体，以诵读、表达、梳理、探究为手段，在对陆游诗词中爱国情怀的深度感悟中，完成陆游爱国诗集编写任务。课程设计依托教材"天下国家"综合性学习活动，创设情境任务，聚焦编辑诗集这一核心任务层层推进，读中悟、悟中做、做中学。尤其是创写书签部分，学生深入体悟陆游的家国情怀，在积累运用语言文字和提升思维灵活性的基础上，发现美、创造美，涵养高雅情趣，认识并浸润中华优秀传统文化。本课的设计尤其注重学生价值观的引导，在涵泳、体会、拓展、创作中，通过诵读陆游的诗词，让学生在积累、感悟和运用中，提升欣赏品位，在继承和弘扬中华优秀传统文化中，不断增强传统文化自信。

### 初中语文组教学案例——《陆游诗词中的家国情怀》
**班级：七年级（2）班　执教教师：涂慧　教研组：初中语文组**

一、德育育人目标

本课尝试聚焦"天下国家"这一综合性学习主题，以诗词为载体，以诵读、表达、梳理、探究为手段，阐释陆游诗词中的爱国情怀，完成陆游爱国诗词专题的诗集编写任务，培养学生厚植以"天下兴亡、匹夫有责"为重点的家国情怀。

二、教学目标

1. 朗读古诗，梳理陆游的心路历程，概括陆游诗词中体现爱国情怀的内容；

2. 设计诗集专题的名称、目录、书签，在实践中阐释陆游的爱国情怀。

三、教学过程（重点）

（一）导入——创设情境

创设情境任务：同学们，"天下国家"综合性学习之"我的爱国古典诗词抄"活动正在进行中，本节课我们将对陆游的五首诗词进行专题编辑——《示儿》《十一月四日风雨大作》《闻武均州报已复西京》《金错刀行》《诉衷情》，你认为如何编辑合适呢？我们一起走近诗歌吧！

（二）朗读诗词，感知爱国情怀

活动一：诵读诗词，认识爱国诗人

1. 抓住重点意象或者诗句，结合写作背景，说一说你分别读出了一位怎样的诗人。

资料卡一——写作背景（略）

示例：我读出了一位＿＿＿＿＿＿＿＿＿＿＿＿＿的诗人。

2.选择一首诗，标注停顿、重音、延长音等设计诵读脚本，读出诗人的爱国情感，小组诵读展示。

活动二：对比阅读，读出爱国情感

借助注释，阅读三首诗，说说这三首诗有何异同？（提示：从体裁、写作背景、内容情感的角度），联系具体的内容说说自己的看法。

（三）设计诗集，阐释爱国情怀

活动三：梳理《示儿》《十一月四日风雨大作》《金错刀行》《闻武均州报已复西京》《诉衷情》五首诗词，编辑陆游爱国诗词抄，完成以下任务。

1.为"爱国诗词抄"的"陆游专题"命名，体现诗词内容与主题；

2.设计目录：根据写诗年代、诗歌体裁、内容情感进行分类编排（自选其中一个角度）；

3.根据你对陆游爱国情怀的理解，为爱国诗词抄设计书签，要求：运用对偶句，语言精美、凝练，可化用陆游的诗句；书写美观。

示例：位卑不敢忘忧国，事定犹须待阖棺。

资料卡二——写作背景（略）

小组交流展示：

我们的诗集名称是＿＿＿＿＿＿＿＿，理由是＿＿＿＿＿＿＿＿＿＿＿；目录的设计顺序是＿＿＿＿＿＿＿＿＿＿＿，分类依据是＿＿＿＿＿＿＿＿＿＿；书签内容是＿＿＿＿＿＿＿＿＿＿＿。

（四）明"国"之义，践行爱国情怀

▲甲骨文　　▲金文　　▲小篆　　▲隶书　　▲楷书

《说文解字》："國，邦也。从囗从或。"

【参考译文：国，诸侯受封之地。字形采用"囗"和"或"会义。】

"国"的繁体字为"國"，"國"的古字为"或"，"或"的甲骨文就像是人拿起武器来守卫疆域。

小结：让我们一起守卫我们的国家，立爱国之志，增爱国之才，践爱国之行！

四、板书设计

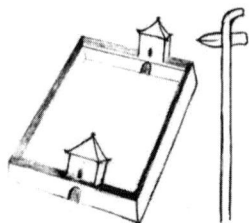

——陆游诗词中的家国情怀

位卑未敢忘忧国

旦古男儿一放翁

诵读诗词，认识爱国诗人

对比阅读，读出爱国情感

设计诗集，阐释爱国情怀

**案例2-8**

## 学科间融合课程

编者按：《粮食危机》这节课打破学科界限，既立足学生真实的生活，又面向未来世界。这节课引导学生从社会生活中产生有价值的话题，从个人视角拓展至国际视野层面，在国际文化感受和理解、国际议题省察和参与过程中，达成课程学习目标。随着实施推进，学生可在体验感知、对比分析、交流分享中大胆发表自己的观点，在不断地碰撞中，逐步深化认识和理解。借助粮食危机全球议题分析其存在的原因与解决措施，以此提高学生分析解决问题的能力和人类命运共同体意识及担当，增强世界公民意识。

### 国际理解项目教学设计——《粮食危机》

班级：七年级（2）班　执教教师：梁丽　项目组：国际理解教育

一、德育育人目标

落实《成都高新区中小幼国际理解课程教学指导意见》、学校向阳花课程建设规划与国际理解单元课程实施方案，借助粮食危机全球议题分析其存在的原因与解决措施，以此提高学生分析解决问题的能力和人类命运共同体意识及担当。

二、教学目标

1.知道全球粮食危机是威胁人类生存的重要问题，并能分析找出其影响的原因与解决措施。

2.形成平等共生的基本观念和开放的心态，养成关注人类生存环境、关心地球可持续发展的素养与态度。

3.增强学生的人类命运共同体意识，并积极参与全球治理。

三、教学过程

| 环节 | 教的活动及方式 | 学的活动及方式 | 各环节具体评估要点 |
| --- | --- | --- | --- |
| 探究感悟 | 1.准备不同的粮食作物并摆放于小组课桌上<br>2.说明世界粮食日的来源并出示问题：全球现在还存在粮食危机吗？<br>3.出示材料（略）<br>出示问题：根据材料在世界地图中标注出现粮食危机的国家？ | 以小组为单位对粮食进行感知与认识；了解粮食日的来历并思考问题，认真研读材料，探究与感悟。 | 学生注意力集中，能对本节课话题产生浓厚兴趣并能发挥主观能动性积极参与活动，能知道粮食的不同种类；清楚粮食日的来源，能根据材料标出地图上出现粮食危机的国家，可初步感受到粮食危机对全球的威胁。 |
| 思考解疑 | 布置任务：结合学习单以小组合作方式完成以下任务：<br>1.分析造成此次全球粮食危机的原因<br>2.总结：极端气候、俄乌战争、人口因素、新冠病毒影响下的经济威胁是影响当今粮食危机的主要原因 | 研读材料并通过小组讨论解析影响粮食危机的原因，并积极分享学习成果。 | 学生能在关注人类生存环境的态度下，知道现今人类已经遭受粮食危机的威胁；能有兴趣地参与课堂活动与相关任务环节；能通过材料分析归纳整合答案，可以条理清晰地表达学习成果。 |
| 评议生长 | 布置任务：结合学习单以小组合作方式完成以下任务：<br>1.基于原因，结合学习单从全球角度分析解决粮食危机的措施有哪些？<br>2.总结：全球要建立共识并广泛合作；加大对农田、农业、农民的投入保障种子安全；确保粮食多样化；呼吁更多人道主义援助 | 小组合作交流，思考总结答案。 | 学生能有逻辑地分析总结措施，体现出学习的连贯性。并能清晰完整地表述完成的小组任务。 |

续表

| 环节 | 教的活动及方式 | 学的活动及方式 | 各环节具体评估要点 |
|---|---|---|---|
| 巩固内化 | 1. 展示全球因浪费粮食损失大约 7500 亿美元，并展示 7500 亿美元可重建一个战后乌克兰与挽救 125 个 4200 万人的生命。<br>2. 布置任务：为珍惜粮食制作一条宣传标语（中英文皆可），并将小组的宣传语写在卡纸上。 | 感受 7500 亿美元的能量，并发挥主观能动性，思考在珍惜粮食中可践行的行为，制作宣传标语并上台为大家展示。 | 积极参与课堂活动，形成关注全球的公民意识，并能根据具体行为展示自己的使命与担当。 |

四、板书设计

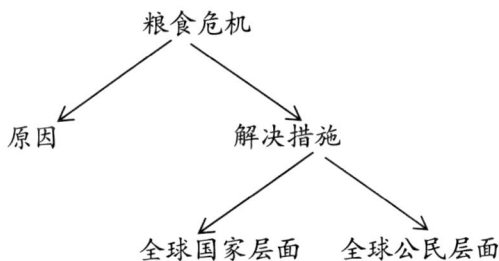

# 第三章　党建带团队建设

## 第一节　党建带团建

在学校党总支的亲切关怀和直接领导下，校团委围绕学校工作重心，主要针对高段（7—9年级）组织和开展学生活动，一方面加强思想政治宣教工作，一方面加强学生干部队伍建设，整合校家社企多方资源，为学生搭建丰富多彩、形式多样的锻炼能力和展示才华的平台，助推他们成长。

### 一、组织机构

新源学校团委隶属于学生发展部，由校团委书记直接负责，与7—9年级组和各班级密切合作，培养和选拔优秀学生加入，从以下几条线索搭建学生干部队伍，成为学校高段学生的骨干核心力量。

（一）团委学生会

根据学校高段体量较小，班额较少的实际情况，对校团委和学生会进行有机整合，设立组织部、宣传部、文体部、纪检部、学习部等五个部门，每部门设部长、副部长各1名，干事2—3名，另设团委副书记、学生会主席、副主席、秘书长各1名。团委学生会干部由7—9年级各方面表现优秀且愿意锻炼自己的同学通过公开演讲选举产生，每年改选一次。

学生干部选举产生之后，通过"老带新"的方式和每周四的集中培训，让每个学生干部迅速进入角色，胜任工作。学生干部主要负责每天的常规检查（午餐、清洁、眼保健操）、升旗仪式的组织工作和学校各项大型活动的辅助管理和协调工作。

（二）志愿者服务队

在团委学生会之外组建志愿者服务队，下辖三个分队，设总队长1名，分队长3名，各分队队员6名，统一发放志愿者帽、志愿者标识，统一培训志愿者用语、志愿者守则，规范上岗，认真履职。

志愿者服务队的日常工作是午间维持"葵宝乐园"（一、二年级活动区域）和教学楼大厅的文明秩序和清洁卫生。同时，学校的每一项大型活动都少不了他们的身影，布置会场、搬运器械、维持纪律……他们以辛勤的付出成为老师最好的助手。

除此之外，志愿者服务队还走出校园，走进社区，走进周边单位开展各项宣传和志愿服务，宣传文明、宣传大运、宣传消防，一场一场精彩的活动都留下了新源阳光青年们闪亮的身影。

（三）男女生国旗班

为了保证各项活动的顺利开展，为学生搭建更多的展示风采的平台，学校国旗班从原来的9名男生扩容为12名男生+12名女生，在男生国旗班的基础上新建女生国旗班，配发制服。所有同学均来自七、八年级各班，通过层层选拔产生，并由具有丰富升旗经验的教官进行严格的专业培训。

在学校的每一次大型活动中，国旗班都能成为一道亮丽的风景线，他们的飒爽英姿让学弟学妹们赞叹不已，也让周边社区的居民交口称赞。我们的国旗班还多次受邀参加周边幼儿园、社区的升旗仪式，为学校赢得了广泛赞誉。

（四）各班团支部

由于高年级学生体量的限制，我校一直存在着团员少，基层团支部组建困难的问题。在高新区团工委的亲切关怀和大力支持下，这一问题得到了根本解决。本学期经过班级推荐，年级审核，共有60名同学成为入团积极分子，并参加了校团委组织的团课学习。经过结业考试，并综合各方面表现，共有34名同学被批准加入中国共产主义青年团。

加上原有的6名团员，现在学校共有团员40名。为了加强对全体团员的组织和领导，促进所有团员的思想政治学习，校团委成立了5个团支部，八年级成立一个联合支部，九年级各班分别成立团支部，各支部设团支书一名，组织委员和宣传委员各一名。在各支部的组织和引领下，全体团员一方面积极开展思想政治学习，另一方面在班级起好表率作用，真正成为班级同学的模范和标杆。

### 二、团员培养

加强共青团队伍建设，发展和培养团员，充分发挥团支部和团员学生在高段学生中的先锋模范作用，是校团委的根本任务之一。根据上级团工委对团员培养工作的相关要求，校团委始终把此项工作作为核心工作进行落实。

（一）团课学习

在团课学习的安排上，校团委注重结合最新的思政学习要求，融入习近平新时代中国特色社会主义思想的主要内容，在原有课程安排的基础上，增加了"思想旗帜""坚强核心""强国复兴""挺膺担当"四个专题学习，引导他们初步了解习近平新时代中国特色社会主义思想的核心要旨，学习感悟在以习近平同志为核心的党中央坚强领导下，在习近平新时代中国特色社会主义思想的科学指引下，新时代党和国家事业取得的历史性成就、发生的历史性变革，深入学习习近平总书记关于青年工作的重要思想，重点学习习近平总书记对青年一代的殷切希望和重要要求，激发他们"强国有我"的青春激情，鼓励他们争做有理想、敢担当、能吃苦、肯奋斗的新时代好青年，在中国式现代化建设中奋发有为，挺膺担当。

除了组织学生入团积极分子开展团课学习之外，校团委还积极组织团员青年教师开展团课学习，在学习中坚持读原著、学原文、悟原理，做好要点摘抄和心得撰写，每月召开一次学习交流会，在团员青年教师中掀起学习新思想的高潮，并能把学习心得运用到教育教学实践中，对其他老师也产生了积极的辐射和引领作用。

（二）党建引领

学校党总支对团员培养工作非常重视，杨芳书记多次指示校团委一定要把团员培养工作做细做实，优选内容，有效实施，让每一位同学能够真正通过团课学习把重要的知识理论入脑入心。学校党建办更是一如既往地支持校团委的团课培训安排，不仅安排党员教师给入团积极分子教唱团歌，还安排党总支书记杨芳同志，党总支宣传委员黄中荣同志亲自为团员青年教师和同学们讲授团课。

案例3-1

铸牢对党忠诚　坚定理想信念　发扬斗争精神　勇于挺膺担当

2023年11月1日12时30分，成都高新新源学校青年团员教师学习"习近平新时代中国特色社会主义思想"宣讲动员会在学校二号会议室举行。

周骁老师首先就本次学习活动的开展背景、重要意义和学习要求对老师们作了宣讲。他指出，青年教师是学校发展和希望所在、活力所在，而青年教师努力提高思想觉悟和政治站位是自身专业精进和事业发展的前提和基础，所以希望青年教师们充分利用本次学习的契机，用好学习资料，投入时间精力，真正把"习近平新时代中国特色社会主义思想"学深悟透，内化于心，外显于行。

接下来，学校党总支书记杨芳为青年教师们带来了一节"学思想"主题团课。在这节团课中，杨芳书记从近期的热点事件切入，强调了本次学习活动的重要性，并从四个方面对青年团员教师们进行了指导：首先是本次学习活动的总要求"学思想、强党性、重实践、建新功"，杨芳希望青年团员教师通过本次学习活动，以学铸魂、以学增智、以学正风、以学促干，把理论学习做到实处；其次，杨芳希望青年教师们全面落实习近平总书记重要讲话精神，要做有理想、敢担当、能吃苦、肯奋斗的新时代好青年，为中华民族伟大复兴贡献青春力量；再次，杨芳要求青年团员教师们认真学习贯彻习近平总书记关于青年工作的重要思想，特别是党的二十大报告对青年的寄语，把握大好机遇，施展聪明才智，实现自己的梦想；最后，杨芳希望青年团员教师们能够通过本次学习，发现自己、发展自己、锻造自己、提升自己，真正成长为一名有理想、有担当、不保守、肯付出的优秀教师，成为团队中不可或缺的骨干力量。

全体青年团员教师以热烈的掌声对杨芳书记的殷切希望和悉心指导致以衷心地感谢。周骁老师再次要求青年团员教师们深刻领悟学习意义，紧密结合学习主题，认真研读学习资料，严格落实学习要求，并向老师们发放了学习书籍和笔记本。全体团员青年教师将以高度的热情投入到本次学习活动中，并将以实际行动践行初心使命，以担当作为为学校的发展贡献自己的智慧和力量。

（三）团队衔接

作为一所"九年一贯制学校"，校团委注重和少工委的衔接和联动，我校少先队的入队仪式、少代会等重要活动中，都有团员参与的身影，他们为学弟、学妹们授红领巾、作报告、传经验，让低段的同学们有了更开阔的视野和更远大的目标。

初中阶段是学生从少先队到共青团的过渡阶段，因此，校团委特别重视和少工委的密切合作，建立健全衔接机制，共同培养少先队员树立积极向团组织靠拢的意识和目标。每一年的五四青年节，校团委和少工委联合为八年级同学组织"离队暨入团仪式"，标志着他们正式告别童年时代，成为一名阳光青年。

案例3-2

学习新思想　奋进新征程
——八年级少先队离队暨新团员入团仪式

2023年5月19日，新源学校八年级全体师生、新团员齐聚一堂，举行八年级离队暨新团员入团仪式。

我校少先队大队长余美媛同学宣布离队人数。少先队大队辅导员廖文静老师也对即将踏上新征程的少先队员表达祝福。146名少先队员在廖老师的带领下，最后一次郑重地向队旗敬礼、庄重地呼号。为他们的少先队历程画上句号，同时也开启了他们的青春新征程。

在少先队大队辅导员廖文静老师寄语后，八年级的少先队员庄重地摘下陪伴他们多年的红领巾，并小心翼翼地折叠整齐，放入红领巾信封中，将之好好收藏，并在信封上留下对自己最真挚的话语，让我们一起勇往直前，执着地追逐青春的梦想。

随后，举行规范、标准的入团仪式。主持人宣读2023年16名新入团团员名单。

老团员们为16名新团员颁发团章、团员证，授戴团徽。

新团员面向团旗庄严宣誓，他们用朝气蓬勃、奋发向上的精神风貌表达积极进取、顽强拼搏、奋勇前进的决心。

新团员代表彭瑞蕊表示："以后一定会以身作则，在同学们面前起到表率作用，也将在今后班级工作、团的工作上努力做得更好，团结同学们一起努力，做出成绩。学习新思想，努力使自己成为一个高尚的人，奋进新征程，成为一名优秀的共青团员。"

我校团委书记周骁老师代表学校向全体新团员致以诚挚的欢迎和美好的祝愿，并希望他们成为有毅力、有担当的时代新人，在自己人生的灿烂华章中写下更加辉煌的篇章。

少年强则国强。先辈的旗帜已经交到我们青年一代的手上，祖国的明天需要我们来开创。新源阳光青年定不负使命，为中华民族伟大复兴奋斗终身！

### 三、活动浸润

以丰富多彩的活动感染学生、锻炼学生、塑造学生，是校团委工作的重点之一。结合我校学生实际，校团委以重要纪念日为契机，组织开展形式多样的主题活动，并充分利用校家社企资源，开展特色活动，促进学生的多元化发展。

#### （一）"一二·九"主题活动

每年的"一二·九"纪念日，学校都会组织红歌会，师生同唱红色歌曲，追忆革命岁月，传承红色基因。

案例3-3

**学思想　忆党史　唱红歌　颂党恩**
——纪念"一二·九"红歌赛暨新团员入团仪式简讯

2023年11月8日下午2点，新源学校纪念"一二·九"运动88周年红歌赛暨新团员入团仪式在学校阶梯教室隆重举行。杨芳校长、岳聪副校长、黄雪副校长等学校领导和新园社区党委副书记李懿及各年级家委代表出席了活动。五年级全体同学在主会场观看活动，其他年级同学在教室观看校园电视台进行的现场同步直播。

在庄严的升旗仪式之后，学校团委学生会主席赵婉婷同学登台发言，为大家讲述了"一二·九"运动的来龙去脉。一段视频仿佛又把我们带回了那段中华民族生死存亡、青年学子奋起抗争的峥嵘岁月。

34位同学通过团课学习和考试，加入了中国共青团。团委书记周骁老师宣布了本次入团的同学名单。全体新团员上台，老团员向新团员颁发了团徽和团章。九年级（3）班刘子豪同学带领全体团员面向团旗庄严宣誓。新老团员共唱团歌并一同合影留念，记录下这神圣的时刻。

第一个登场展示的是新园社区的爷爷奶奶们，他们带来了歌伴舞《我和我的祖国》。盛装登台的爷爷奶奶们歌声嘹亮、舞姿优美，他们的节目表现了对伟大祖国的无限热爱和赞美，赢得全场观众的阵阵掌声。

随后，六、七、八三个年级的15个班级按赛前抽签顺序，依次登台竞演。各班的节目都经过了精心准备，反复打磨，将同学们的多才多艺淋漓尽致地展现出来。他们的歌声或高亢嘹亮，或悠扬婉转；舞蹈则是长袖飘飘，翩若惊鸿；加上激昂慷慨的朗诵，锦上添花的伴奏，每一个节目都是创意满满，亮点多多。其中，尤为精彩的是六（2）班同学带来的《半生雪》和六（5）班同学带来的《祖国有我》，得到了评委的一致认可和高度评价。

由蓝婷老师指挥、巨敬业老师钢琴伴奏，党员教师代表带来了合唱《团结就是力量》。平时课堂上严肃认真的老师们，登上舞台也能够引吭高歌，激情飞扬，全场顿时掌声雷动、欢呼不已，也把本次活动推向了高潮。

随着六（1）班大合唱《在灿烂的阳光下》一曲终了，本次活动圆满结束。铭记历史，我们才能不忘初心，砥砺前行；勇敢担当，我们才能传承使命，继往开来！感党恩、听党话，跟党走，新源青年，牢记党的教诲；有理想、敢担当、能吃苦、肯奋斗，向阳花开，我们拥抱明天！

（二）"五四"主题活动

"五四"是青年的节日，更是我校传统的朗诵比赛时间。同学们吟诵先辈壮美诗篇，歌颂祖国大好河山，激发爱国热情，树立报国之志。

案例3-4

### 学思想创典范　迎五四铭初心

2023年4月28日，蒙蒙细雨挡不住新源青年们火热的激情。纪念"五四"运动104周年朗诵比赛在学校大操场和室内体育馆隆重举行。六到八年级的全体师生以及石羊十一幼的老师和孩子们参加了活动。

在庄严的升旗仪式之后，"妙音"合唱团的孩子们带来了他们的新作《如愿》，在蓝婷老师的指挥下，引吭高歌，声音嘹亮，博得了同学们的阵阵掌声。

在这个重要的纪念日，学校的所有党员教师，也带来了他们的集体朗诵《薪火青春》。老师们着装整齐，神采奕奕，用真挚的情感表达了他们对党的教育事业的无限热爱和为党育人、为国育才的执着信念。

接下来，各个班级依次登台，展示了他们精心准备的节目。伴着激昂的音乐，一幅幅历史的画卷在大屏幕上呈现。同学们以各具特色的形式，层出不穷的创意演绎了他们对历史、对先辈的追思和对党和国家的无比热爱，表达了他们为实现第二个百年奋斗目标和中华民族伟大复兴而勤奋学习、不懈奋斗的信心和决心。

今天的活动还特别邀请到了石羊第十一幼儿园的冯园长和她带领的老师、小朋友们。他们为大家带来了原创节目《走进甘孜　五彩流芳》。作品讲述了十一幼的老师们远赴雪域高原，在甘孜支教的动人事迹。朗诵结束，会场响起了雷鸣般的掌声，经久不衰，也把活动推向了高潮。

仪式凝聚人心，活动激发潜能。在所有老师和同学们的共同努力下，本次活动取得了圆满的成功，鼓舞了班级的士气，锻炼了同学们的能力，也进一步深入推进学校的"学思想、迎大运"主题活动。

（三）特色活动

除了每年如期举行的传统活动，校团委还充分利用社会资源，策划组织各项特色活动，促进同学的多元化发展。同学们走进幼儿园、走进社区、走进消防队、走进产业园区，认真参观、用心体验，从小就埋下了发奋读书、立志成才、回报家乡的远大志向。

案例3-5

## 奋发有为　逐梦前行

2023年12月22日，午后的阳光让整个世界都沉浸在一片暖意当中。成都高新新源学校全体团员在高新区团工委和校团委老师的带领下，乘车前往"瞪羚谷"数字文创园参观。

"瞪羚谷"数字文创园位于高新区盛兴街，面积约364.43亩，聚焦发展游戏电竞、数字音乐、影视动漫、数字传媒等细分领域，建设"文创＋""科技＋"的都市林盘，是中国（成都）网络视听产业基地的重要载体。

园区工作人员热情地接待了来访的同学们。同学们首先参观了园区的展厅。走进展厅，大家仿佛置身于一个光影变幻的数字世界，交错重叠的光线、精彩炫酷的动漫、前卫时尚的展品，无不深深吸引着同学们的目光，让同学们既感到惊喜，又为高新区文创产业的蓬勃发展感到无比自豪。

结束了展厅的参观，同学们排着整齐的队列，走进"瞪羚谷"园区参观。园区里小桥流水，绿树掩映，一幢幢精致的小楼就是一个个在网络上赫赫有名的公司。优美的工作环境，良好的工作氛围，让不少同学都非常向往，他们在心里许下了努力学习、不断提升自己、将来能够在这里占有一席之地的愿望。这次活动让同学们更加了解高新、热爱高新，也更加坚定了在不久的将来服务高新、建设高新的目标和理想。

## 第二节　党建带队建

少年儿童是祖国的未来、中华民族的希望，也是党的未来。我们党始终高度重视少年儿童、亲切关心少年儿童，始终把培养好少年儿童作为一项关系红色江山永不变色的战略性、基础性工作。中国少年先锋队是党创立和领导的中国少年儿童的群团组织，是少年儿童学习中国特色社会主义和共产主义的学校，是建设社会主义和共产主义的预备队。长期以来，在党的坚强领导下，中国少年先锋队团结、教育、引领一代又一代少年儿童听党话、跟党走，在革命、建设、改革的各个历史时期健康成长，为党的少年儿童事业发挥了不可替代的重要作用。

党的十八大以来，以习近平同志为核心的党中央高度重视少年儿童和少先队工作，全面加强党的领导，全面强化政治引领，全面优化成长环境。习近平总书记关于少年儿童和少先队工作的重要论述为做好新时代少先队工作指明了前进方向、提供了根本遵循，推动党的少年儿童事业取得历史性成就、发生历史性变革。

我校少先队在党的领导下，全面加强新时代少先队工作，强化对新源学子的政治启蒙和价值观塑造，引导"向阳花儿"们时刻准备着为共产主义事业而奋斗。

一、加强组织建设，深入落实党建带团建、队建

中小学校党建带团建、队建，就是指以党的建设带动共青团的建设、少先队建设，就是要把团组织的建设、少先队建设融入党组织的建设之中，加强党对共青团、少先队的领导。

新源学校少工委由新源学校党总支书记杨芳担任少工委主任，全面领导学校少工委的日常工作；党总支纪检委员黄雪、团支部书记周骁担任少工委副主任；大队辅导员担任少工委办公室主任。

学校党支部站在为党育人的战略高度，将少先队工作作为学校党建的重要组成部分，主动提供支持，切实给予保障。在实践工作中，党支部完善了学校少先队管理"党团队一体化"机制。每学期学校至少召开1次少工委全体会议，加强对大队、中队少先队工作的考核评价，指导开展丰富多彩的少先队活动，推进少先队活动课的研究与发展。每逢新队员入队，党总支同步举行新任中队辅导员聘任仪式。同时，党总支要求学校教职员工参加各级各类少先队活动必须佩戴红领巾，在全体少先队员中展示良好形象。

新源学校党团队一体发展，新源学校团委全面加强对少先队的指导，切实履行全团带队的政治责任。每学期，团委利用升旗仪式和"五四""一二·九"等节日、纪念日，对少先队员进行思想政治引领、道德品质教育；联合少先队开展好推优入团工作、离队入团仪式等，激励少先队员砥砺奋进，增强少先队员的光荣感。

二、强化政治引领，旗帜鲜明培养共产主义接班人

（一）教育引导少先队员牢记习近平总书记的教导

我校将少先队活动课纳入每周课表，各中队每周开展"红领巾爱学习"宣传教育活动，广泛宣传习近平总书记对少先队员的希望要求；学校少先

大队通过大队部长会、组织生活会、队课、实践活动等开展思想政治专题学习，引导少先队员牢记总书记的话，树立远大理想、培养优良品德、勤奋学习知识、锻炼强健体魄、培养劳动精神，努力成长为德智体美劳全面发展的社会主义建设者和接班人。

（二）大力培养少先队员对党和国家的朴素情感

我校每周升旗仪式开设《红领巾学思想》栏目，由大队委带领全校师生学习党史、新中国史、改革开放史、社会主义发展史的故事，引导广大少先队员认识到祖国建设的伟大成就和今天的幸福生活归根结底来源于党的正确领导、来源于革命先烈的英勇牺牲、来源于人民群众的艰苦奋斗、来源于我国社会主义制度的优越性；学校少先队大队每个月结合当月纪念日进行主题学习，引导少先队员们从小学先锋、长大做先锋；每学期的少先队红色寻访课程，队员们追寻红色足迹，学习红色精神，发自内心热爱党、热爱祖国、热爱人民，发自内心拥护中国特色社会主义。

（三）从小培育少先队员共产主义理想和道德的萌芽

利用少先队民主生活会，用儿童化的语言讲明白共产主义社会是值得追求的最美好社会形态，在少先队员心中埋下为共产主义事业而奋斗的理想种子。在每个主题活动月开展少先队活动，如爱心义卖、运动会方队展示、美食节、元旦喜乐会等，教育引领少先队员从热爱集体、关心他人、团结友爱、乐于奉献、遵纪守法做起，在少先队组织中发扬集体主义、培养团队意识、增强纪律观念。大队委每天巡查教室清洁卫生、眼保健操、课间操、课间文明休息、午餐等情况，各中队实行"人人有岗、个个担当"的管理制度，队员们在少先队岗位实践中培育全心全意为人民服务的精神，逐渐养成共产主义道德。

（四）引导少先队员从小培育和践行社会主义核心价值观

坚持立德树人，把培育和践行社会主义核心价值观贯穿少先队教育之中，帮助少先队员明德修身，扣好人生第一粒扣子。大队委结合节日、纪念日、时事热点等开展专题队课学习。如，3月《喜迎两会跟党走　同心奋进新征程》队课、4月《国防安全我有责》队课、9月《致敬革命英烈》队课、11月《奋进新征程　共筑航天梦》队课等，教育引导少先队员心有榜样，学习英雄人物、先进人物的精神。教育引导少先队员从小做起、从自己做起、从身边做起、从小事做起，一点一滴积累，养成好思想、好品德。教育引导少先队员接受帮助，养成严格要求自己、虚心接受批评帮助的习惯，在知错就改、越改越好的氛围中健康成长。

### 三、增强少先队员光荣感，推进新时代少先队组织改革创新

（一）巩固拓展少先队组织体系

为了适应少先队员学习生活新特点，新源学校少先队联合周边社区组建社区少工委，有机衔接校内外少先队组织，拓展少先队员的活动阵地，全面引导少先队员的校内外活动实践。强化学校组织基础，新源学校成立1个少先队大队集体和48个少先队中队集体，有组织、有计划、有步骤地开展少先队活动。

（二）严格实施分批入队

新源学校坚持全童入队，严格实施分批入队。按照上级文件要求，我校少先队实行分三批次入队，第一次在一年级六一儿童节前后，第二次在一年级"十·一三建队纪念日"前后，第三次在二年级六一儿童节前后。入队流程规范有序，少工委编订了《红领巾心向党》"葵宝"入队手册，将入队课程分为11课，涵盖了爱国爱党的基本知识和"六知六会一做"的所有内容，指引一年级小朋友有步骤地系统学习少先队知识和礼仪。从一年级入校开始，各辅导员就开展爱党、爱国、爱社会主义的教育，引导"葵花宝贝"们认识国旗、国徽，党旗、党徽，学唱红色歌曲，宣讲少年英雄故事，让红色种子

悄悄在幼小的心灵中萌芽。一年级下学期开始，新源学校大队委在大队辅导员的帮助下，分组到一年级各班开展队前教育课程，辅导员和校外辅导员对"葵宝"们的学习情况进行评价后，全班进行公平、公正、公开的民主投票，选出第一批入队的队员。对未入队的预备队员，辅导员和队员们也接续帮助，开展"争当一天少先队员"的活动，鼓励同学们改正缺点、持续进步，向少先队组织靠拢。

（三）全面开展"红领巾奖章"争章活动，并积极推进"红领巾奖章"争章活动的校本化实践研究

每年由队员、辅导员自主申报，队员代表、辅导员代表、校外辅导员代表等组成评审团，按照公开、公平、公正的原则推选优秀少先队员、优秀少先队辅导员、优秀少先队集体。争章活动热烈进行，全校少先队员积极参与，并在"红领巾星章"的激励下品学兼修、尚美乐创，全面锻炼自己，努力成长为德智体美劳全面发展的新时代好队员。

（四）塑造新时代少先队组织文化

开好少代会，利用红领巾小提案引导少先队员关注校园建设、关注社会生活，在选举少工委、听取大队报告等仪式流程中增强少先队员对我国民主集中制的认识，增强主人翁意识。利用"六一""十·一三""五四"离队入团等少先队重大节庆日，健全少先队仪式教育体系，增强仪式的庄重性、感染力，增强少先队员的光荣感。

**四、突出实践育人特色，推动新时代少先队社会化发展**

（一）强化少先队实践育人作用

结合文明校园、运动会、美食节、元旦喜乐会等活动，开展少先队志愿服务，培养社会责任意识和服务他人的奉献精神；结合劳动课程，着力强化劳动实践，帮助少先队员树立劳动最伟大、劳动最光荣的意识，培养勤俭、

奋斗、创新、奉献的劳动精神。开展安全演练、成都红色档案展览等实践活动，加强少先队员国防教育、法治教育、安全教育。将少先队活动作为国家规定的必修活动课落实好，从一年级至八年级，每周安排一课时，或在综合实践活动等课程中统筹安排，加快推进活动课程内容建设。

（二）提升少先队社会化工作水平

联合社区少工委、儿童议事会等，利用假期，在高新区少先队活动实践基地、成都大运场馆、各博物馆、纪念馆等，广泛开展少先队校外活动，如"爱成都·迎大运"大运场馆寻访活动、"我的大运时间"分享活动、"探访TOD·构想未来城"实践活动以及红色精神寻访、二十大精神寻访等活动，构建资源有效整合、队伍有效动员、阵地有效利用、队员广泛参与的少先队社会化工作体系。

### 五、强化少先队辅导员队伍建设

少先队辅导员是党的少年儿童思想政治工作者，是少年儿童亲密的朋友和指导者，肩负着为党育人、为国育才的光荣使命。少先队辅导员的政治素质和履职能力，直接决定了少先队为党育人工作的成效，加强新时代辅导员队伍建设的重要性不言而喻。

我校加强少先队辅导员队伍建设，选拔政治素质过硬、工作能力突出的年轻教师担任辅导员，其中党团员比例为65%；同时，邀请专家学者对辅导员进行专题培训，深入学习领会党的精神、方针，用党的创新理论凝心铸魂，提升辅导员的政治素质和业务能力。同时，我们成立少先队辅导员项目组，着力推进校本化的少先队活动课程，多途径、多形式推动习近平新时代中国特色社会主义思想进校园、进课堂。每学期组织辅导员参加各级少先队培训，开展线上线下学习，引导他们有理想、敢担当、能吃苦、肯奋斗。

结合高新区少先队辅导员技能大赛，我校每年均对辅导员进行政治理论、党史知识、队课设计等专题培训；每年的班主任节，学校少工委同步开展辅导员说队课、上队课比赛，以赛促学、以赛代培，积极营造浓厚的学习氛围，加快辅导员专业化成长。

案例3-6

## 学习新思想　争做好队员
### ——新源学校少先队建队纪念日活动暨新队员入队仪式

少先队的历史波澜壮阔，少先队的称号无比荣光，少先队的航船乘风破浪，少先队的未来我们开创！2023年10月13日，在中国少年先锋队建队74周年到来之际，新源学校隆重举行了少先队建队纪念日活动暨新队员入队仪式。

伴随着雄壮有力的出旗曲，精神抖擞的旗手和护旗手们迈着矫健的步伐步入会场。紧接着，在大队委陈馨苒指挥的指挥下全场齐唱《中国少年先锋队队歌》，整齐的队歌在体育馆上空回荡，传递着队员们对中国少年先锋队的热爱与崇敬！

大队辅导员宣读新队员名单。接着老队员们亲手为新队员佩戴上鲜艳的红领巾，让这份属于少先队员的责任使命得以传承！

当老队员们为新队员们戴上鲜艳红领巾的那一刻，每位新队员的脸上，都洋溢着激动的笑容，这无疑是他们人生中极为重要的时刻！

我校少先队副大队长刘颖佳带领全体队员宣誓，面向鲜艳的大队旗，紧握的右拳是他们的决心，响亮的宣誓是他们的承诺。希望队员们做到在学习和生活中发挥模范带头作用，更加严格要求自己，努力学习，热爱生活，为胸前的红领巾增添更多荣誉。

新源学校少先队是一个亲密的大家庭，在我们少先队组织里，每年都将新增一批大队委。今年三、四、五、六年级各个中队经过自己推荐、民主选举，新增了一批大队干部。大队辅导员为他们授予队标，新一届大队委员会也正式成立。

近年来，在中国共产党的领导下，全国各族人民拼搏奋进在实现第二个百年奋斗目标的新征程上，创造了一个又一个奇迹。红领巾，心向党，通过现场微队课的学习，队员们佩戴着光荣的红领巾，在这个新时代，一起追逐理想，筑就伟大复兴的中国梦。

火红的队旗高高飘扬，指引我们前进的方向，鲜红的领巾系满理想，载着我们扬帆远航。伴随着庄严的《退旗曲》，新源学校2023年"学习新思想　争做好队员"少先队建队纪念日活动暨新队员入队仪式正式结束，新源的少先队员们定会在星星火炬的指引下，牢记党的教诲，全面发展，茁壮成长。

案例3-7

## 探访TOD　构想未来城
### ——新源学校少先队红领巾寻访活动

为了强化少先队实践育人作用，不断拓展少先队校内外实践活动项目和载体，2023年1月23日下午，成都高新新源学校少先队员代表校内外辅导员的带领下，来到了高新区少先队实践活动基地——陆肖TOD展示中心进行红领巾寻访活动。

活动中，讲解员老师向队员们介绍了成都TOD的发展脉络、规划理念、设计特色，充分展示了TOD的美好生活蓝图。

队员们不时记录着参访的点点滴滴，领略了TOD的立体多元、方便快捷、绿色低碳等优势，激发了规划未来城市的愿望。

在 TOD 城市智慧馆的党建展厅，队员们更深刻感受到成都 TOD 建设的社会责任，理解了党和政府全心全意为人民服务的根本宗旨。

活动的最后，队员们绘制了心中的未来城市，并做了分享。

成都轨道集团作为国有企业，主动践行社会责任，积极邀请少先队员参与畅想美好幸福生活和践行新发展理念的公园城市示范区建设，通过课外实践活动帮助少先队员开阔视野，描绘幸福蓝图。同时将充分利用轨道交通线网、在建项目和业务平台，展示轨道成果、输出轨道知识，为队员们送去更丰富的轨道"营养"，使他们在校外实践活动中彰显品格、增长本领，努力成长为担当民族复兴大任的时代新人。

# 第四章　班级活动篇：建设花儿成长乐园

## 第一节　班会活动

　　教育的最高境界不是学生出了问题后的应对，而是问题发生前的引导。但如何进行有效的引导，关键在于深究问题原因，寻找预防策略，设计教育方案，构建完备的学生成长引领课程，引导学生探寻未知领域，给学生以启迪，为学生解惑，使教育与生活相通，让学生在观察和经历中获得感受，受到熏陶，学有所获，知善而行，幸福成长，教育是引领学生幸福成长的艺术，需要走在学生发展的前面。

　　好的教育不是学生出现问题后的慌张，而是智慧引导后学生的淡定从容和知善而行；不是生硬的单向灌输，而是与学生携手一起面对困难的双向交流；不是简单粗暴的疾风骤雨，而是精雕细刻后的和风细雨、循循善诱，不是战战兢兢的耳提面命，而是生动活泼的体验感悟，好的教育是拨动心弦的言外之意，是润物无声，是春风化雨，它能促使学生自我感悟、自我内化、积极主动。

　　教育的根本目的在于追求学生的幸福成长，幸福是一切教育活动的灯塔，若能让接受教育的孩子们感到幸福，那么教育的方式必须是充满温馨柔情、充满灵气智慧。

班会活动无疑是落实这样的教育方式最好的媒介。

**一、班会课开展的必要性**

（一）落实《中小学德育工作指南》的需要

教育部印发《中小学德育工作指南》指出："切实将党和国家关于中小学德育工作的立德树人要求落细落小落实，着力构建方向正确、内容完善、学段衔接、载体丰富、常态开展的德育工作体系，大力促进德育工作专业化、规范化、实效化，努力形成全员育人、全程育人、全方位育人的德育工作格局。"细读《指南》可看出，党和国家对教育的指导要求将"立德树人"4个字落实具体，而课程是学生的最大生活场景，除了语数外、政史地、物化生、音体美等国家课程之外，作为班主任，还应该从班级管理出发，开发更细致的班会课程，从而落实立德树人的根本任务。

（二）现实需要——当前班级管理存在的问题亟待解决

升学考试压力很大，班主任管理存在强硬规范、空洞说教、简单灌输等问题，使班级德育工作不够系统和规范。学生需要在课程活动中自然生成对生命、对人生的体验和领悟，对意志力和道德素养的培养，对同伴关系的依属。同时，学生在已有的课程内所得到的培育应该是全面的，而班本课程是以"学生"为主体，培养他们自主、探究、合作的能力，其他课程是输入，而班会课程则是输出，让学生有一个发展自我的平台。

1.学校发展的需要

成都高新新源学校于2008年建校，建校至今，构造了"向阳花课程体系"，其中"花之干"为国家课程，"花之枝"为国家课程的校本化实施，但基于本班开发的班本课程研究还不足，而班级是学校的最基础构建单位，班级的建设离不开站在课程开发的角度所做的顶层设计，因此，班会的开发一方面是对本校办学理念的深入实践，另一方面也是对班会课程设计缺失的弥补。

2. 区域发展的需要

成都高新区自20世纪90年代被批准为国家经济开发区至今，已经有了30多年的发展成果，这30年间，高新区由原来的田野乡间，变成高楼林立的现代化社会，一批批外地人来到此地展开他们生命的追寻，而本地人享受开发的便利，却并没有找到好的发展目标，就石羊场当地居民来说，他们对子女的教育并没有跟上时代的发展，当然，我们不是否认教育子女的初心是否得当，而是思考是否还有更优化的方式，教育区域孩子成才，为区域发展输送更具时代性、科学性、理性和人文性的人才。

3. 中华民族伟大复兴的需要

中华人民共和国自建立以来，中华民族通过自己的勤劳和智慧已经慢慢从原来贫穷落后挨打的被动局面到如今的挺起脊梁做人，但国际竞争毕竟是一场没有硝烟的战争，美帝国主义从来也不放弃利用人权侵占他国主权，而日本更是从不承认南京大屠杀的存在。因此，我国、我民族应该心怀警惕之心，继续增强我国综合实力，发扬艰苦奋斗、卓绝进步的精神，作为一线教师，能为国家做的就是培养好社会主义接班人，既让他们了解到中华民族曾经的多灾多难，又让他们领悟到中华民族的坚韧不拔，从而树立远大的梦想、情怀。

## 二、班会课开发理念

坚持以人为本、德育为先，大力培育和践行社会主义核心价值观，坚持教育与生产劳动、社会实践结合，坚持学校教育与家庭教育、社会教育相结合，符合中小学生的年龄特点、认知规律，强化道德实践、情感培育和行为习惯养成，依据我国核心素养内容，制定符合本班学生发展的课程内容。

### 三、班会课程目标

（一）养成热爱劳动、自主自立、意志坚强的生活态度，形成尊重他人、乐于助人、善于合作、勇于创新等良好品质。发展学生核心素养，树立社会主义建设正确的价值观、必备品格和关键能力。

（二）聚焦理想抱负和社会责任感，培养有情怀、有梦想、有奋斗精神、有家国情怀的社会主义接班人。

（三）理解基本的社会规范和道德规范，树立规则意识、法治观念，培养公民意识，掌握促进身心健康发展的途径和方法。

### 四、班会课程体系

（一）理想信念教育

"加强中国历史特别是近现代史教育、革命文化教育、中国特色社会主义宣传教育、中国梦主题宣传教育、时事政策教育，引导学生深入了解中国革命史、中国共产党党史、改革开放史和社会主义发展史，继承革命传统，传承红色基因，深刻领会实现中华民族伟大复兴是中华民族近代以来最伟大的梦想。"具体活动包括以下系列。

1. 中国近现代史梳理。

2. 班级活动"一人一个中国梦讲故事比赛"。

3. 我国优秀文化名人事迹演讲比赛。

4. 当今社会感动中国事迹演讲。

5. 现当代诗歌朗读比赛。

（二）社会主义核心价值观教育

引导学生牢牢把握富强、民主、文明、和谐作为国家层面的价值目标，深刻理解自由、平等、公正、法治作为社会层面的价值取向，自觉遵守爱国、敬业、诚信、友善作为公民层面的价值准则，将社会主义核心价值观内化于心、外化于行。具体活动包括以下系列。

1. 世界制度比较。

2. "诚信"讲故事比赛。

3. 当今社会敬业故事演讲比赛。

4. 关于友善，我们可以怎么做。

（三）中华优秀传统文化教育

引导学生了解中华优秀传统文化的历史渊源、发展脉络、精神内涵，增强文化自觉和文化自信。以《史记》为读本，了解和学习先秦至汉代我国优秀文化名人故事、精神。具体活动包括以下系列。

1. 史记列传阅读大赛。

2. 成都博物馆参观，一人一件文物介绍。

3. 我心中最美的古人演讲比赛。

（四）生态文明教育

帮助学生了解祖国的大好河山和地理地貌，开展节粮节水节电教育活动，推动实行垃圾分类，倡导绿色消费，引导学生树立尊重自然、顺应自然、保护自然的发展理念，养成勤俭节约、低碳环保、自觉劳动的生活习惯。具体活动包括以下系列。

1. 垃圾分类演讲比赛。

2. 勤劳节俭有无必要辩论赛。

3. 一人一个风景故事。

4. 在家里，我可以做什么讨论交流会。

（五）心理健康教育

开展认识自我、尊重生命、学会学习、人际交往、情绪调适、升学择业、人生规划以及适应社会生活等方面教育，引导学生增强调控心理、自主自助、应对挫折、适应环境的能力，培养学生健全的人格、积极的心态和良好的个性心理品质。具体活动包括以下系列。

1. "挫折，也精彩"主题班会课。

2. "当我生气时，我该怎么做"主题班会课。

3. 我身边的就职情况调查。

4. 我的职业规划。

## 五、班会课程实施路径

（一）课程育人

语文利用课程中语言文字、传统文化、历史地理常识等丰富的思想道德教育因素，潜移默化地引导学生的世界观、人生观和价值观进行。班会课上开展丰富多彩的活动，利用活动，驱使学生自主学习、主动展示、内化成他的精神品质。

（二）文化育人

依据学校办学理念，因地制宜开展班级文化建设，使班级秩序良好、环境优美、整洁有序，班级文化积极向上、格调高雅，提高班级文明，鼓励学生自主设计班名、班训、班级口号等，增强班级凝聚力。让班级处处成为育人场所。为此，组织学生开展取班名比赛，说清楚取班名的要求，同时借鉴古典文化典籍，确立班名的文化内涵，弘扬乐观向上的积极主动精神，利用班级口号、班训做班级文化的输出。

| | | |
|---|---|---|
| 班名 | 青云 | 内涵：穷且益坚，不坠青云之志 |
| 班训 | 尚美 | 内涵：尊崇美，学习美，成就美 |
| 班级口号 | 和谐互助，合作共赢 | 内涵：以和谐为基准，创设和谐的班级氛围，互相帮助的学习和生活氛围 |
| 班风 | 积极主动，争取成功 | 内涵：培养学生自主奋斗的精神、勤奋努力的风骨 |

（三）活动育人

精心设计、组织开展主题明确、内容丰富、形式多样、吸引力强的教育活动，以鲜明正确的价值导向引导学生，以积极向上的力量激励学生，促进学生形成良好的思想品德和行为习惯。

1. 开展节日纪念日活动

利用中秋节、元宵节、重阳节、春节等传统节日以及二十四节气，开展介绍节日历史渊源、精神内涵、文化习俗等活动，增强传统节日的体验感和文化感。

| 节日 | 活动内容 | 节日 | 活动内容 |
| --- | --- | --- | --- |
| 中秋节 | 策划家庭晚会 | 元宵节 | 我来做碗"团团圆圆" |
| 重阳节 | 给老人献花、制作礼物 | 清明节 | 为去世者写诗、写墓志铭、写悼词 |
| 元旦节 | 写总结，新年计划 | 端午节 | 屈原与端午的故事、粽子的来龙去脉 |
| 春节 | 对联收集大赛、制作饺子的流程介绍 | | |
| 二十四节气 | 分小组依据时间介绍二十四节气，印证当日天气情况，在家庭举行相关风俗活动 | | |

2. 利用植树节、劳动节、青年节、教师节、国庆节集中开展爱党爱国、民族团结、热爱劳动、尊师重教、爱护环境等主题教育活动。

| 节日 | 活动内容 | 节日 | 活动内容 |
| --- | --- | --- | --- |
| 植树节 | 种植盆栽、用思维导图写树的名称、特色、生长习性 | 教师节 | 感恩教师，我在行动，教师节创意"送礼"大赛 |

续表

| 节日 | 活动内容 | 节日 | 活动内容 |
|---|---|---|---|
| 劳动节 | 参加一项家庭或社会劳动 | 国庆节 | 为祖国生辰献礼、我来介绍祖国的大好河山 |
| 青年节 | "五四"青年风采大赛 | | |

3. 开展读书活动

班级建立众筹图书馆，教师分月推荐书目，开展读书活动，培养终身阅读、终身学习的习惯。开展"我心中最好一本课外书"推荐活动，让学生呈现自己的阅读所得。

（四）实践育人

与综合实践活动课结合，开展有益于学生身心发展的实践活动，不断增强学生的社会责任感、创新精神和实践能力。具体活动包括以下系列。

1. 我与父母角色互换。

2. 我来体验父母职业。

3. 警察局参观活动。

4. 发传单体验课。

5. 博物馆讲解员体验日。

（五）管理育人

完善班级管理制度，依据校规校纪，制定全班师生广泛认同和自觉遵守的制度规范。制定小组合作的模式，利用小组合作，以优辅差，带动成绩缺乏自主性同学的学习。

1. 制定民主管理制度，形成学生自我教育、民主管理的班级管理模式。形成"时时有事做、事事有人做"的优良班风。明确岗位责任，建设良好班风。

2. 关爱特殊群体，加强对经济困难家庭子女的关爱，及时关注其心理健康状况，积极开展心理辅导，提供情感关怀，引导学生心理、人格积极健康发展。对心理薄弱生给予更多的人文关怀。

（六）协同育人

1. 积极争取家庭、社会共同参与和支持学校德育工作，引导家长注重家庭、注重家教、注重家风，营造积极向上的良好社会氛围。注重运用微信群分享家庭教育的理念和方法。注重家长对方法使用后的反馈，注重邀请教育成功的家长分享经验。

2. 加强家庭教育指导，统筹家委会，认真听取家长对学校的意见和建议，促进家长了解班级治班理念、教育教学改进措施，帮助家长提高家教水平。

3. 利用班会、队会、晨会、晚会，加强学生思想教育、行为规范、好习惯的养成以及精益求精的做事风格。

4. 利用支教结对学校，搭建学生与薄弱地区学生沟通的桥梁，互通信息有无。促进学生认识世界、体察世界，增加对世界宽度的理解。

**六、课程评价**

以过程性评价为主，记录学生参与的次数、状态和效果呈现。发挥学生、教师、家长的作用，按照积极参与、认真准备、有效进步为原则，做学生的成长记录本。

| 姓名 | 参与次数 | 参与活动的名称 | 学生打分 | 教师打分 | 家长打分 | 评语 | 其他 |
|---|---|---|---|---|---|---|---|
|  |  |  |  |  |  |  |  |
|  |  |  |  |  |  |  |  |
|  |  |  |  |  |  |  |  |
|  |  |  |  |  |  |  |  |

## 七、案例呈现

案例4-1

以六年级情绪调适课《挫折，也精彩》为例，首先确定班级的活动缘由：现实中，不断曝出中小学生自杀的新闻。就在10月5日，江苏靖江中学一女生因为老师让其回家带作业，便到学校附近公园跳河自尽，没有做作业或是撒谎说没带只是很小的一件事，但女生选择了自杀，由此可见，学生抵抗挫折的能力较弱。而人生中比没带作业这样的挫折还多得多，正面应对挫折，把挫折转化为自己人生的垫脚石才能促进自己的成长。基于此现实，设计了本节主题班会课。在此背景下确定班级活动目标。1.明白生活中受到挫折是在所难免的，学会正确看待挫折；2.懂得挫折能帮助自己成长的道理。

教师做好准备，整节班会课以认识挫折、走进挫折、战胜挫折为主线，通过情景再现，唤醒学生情绪体验，唤起学生的回忆，然后引导学生分享自己的挫折经历，通过音乐、图片文字等创设情境，让学生动心动情，然后讲述故事，引导学生通过分析他人面对挫折的做法，梳理自己应对挫折的方法，最后再给予案例，让学生自己分析该如何应对，从而学以致用，整节课围绕情绪中的挫折，带领学生正确面对挫折，调适情绪。

再以七年级家庭关系课《爱的矛盾》为例，首先，明确设计意图：积极心理学的相关研究表明：能够有效地觉察周围环境中的积极因素，并且拥有更加亲密的人际关系的人更容易获得满足感和幸福感，这样的人也通常心情愉悦，对周围的人和事充满爱和关怀。对于刚升入初中的孩子来说，面临着较大的学业压力，这种压力除了来自学校，一大部分还来自家长，两者之间产生矛盾，矛盾中容易让孩子产生消极、消沉或者是逆反心理。因此，本主题班会课的设计意在让学生看到这种冲突的客观存在，接受它，积极适应它，并且理智地分析原因，了解父母做法背后的苦衷，学会用积极的、阳光的、感恩的心态去面对亲子矛盾，促进家庭和谐。在此背景下，确定活动目标：了解父母的苦衷，学会智慧地解决亲子矛盾，感恩父母。

课前布置，让学生观察收集与爸爸妈妈在哪些方面产生了矛盾？以及自己是怎么做的？产生了哪些后果？整节课的活动过程如下，首先引导学生感知生活、发现问题。1. 由短剧《丁丁的烦恼》导入，引发学生讲述自己与父母之间的矛盾冲突；2. 组织辩论赛，一方代表父母，一方代表子女，让学生说出各自的理由；3. 做游戏，利用橡皮筋的游戏明示道理——通过辩论、通过激烈的对抗并不能解决问题，反而容易两败俱伤；引出问题——该如何解决亲子矛盾才能双赢？

其次，引导学生动勤动脑，智慧解决问题。1. 引入某名人的故事，明示他解决亲子矛盾的方法；2. 学习榜样解决问题的方法，小组讨论出其他解决问题的方法并且展示；3. 活学活用。出示矛盾的场景，将刚才讨论出的方法运用到实际中。

最后，升华主题——爱是解决矛盾的核心。1.（引导语：我们在想办法化解亲子矛盾时，家长也在努力着，拿出他们给你们写的信，用心看看，他们都写了什么？）学生阅读。2. 学生交流看信之后的感受，教师总结：那一张张薄薄的信件承载着父母浓浓的爱，而这个爱都在讲述 family 这个词的含义。同学们？你们了解这个词的含义吗？（father and mother I love you）3. 总结：了解之后也请你将你的爱写进卡片，找一个时间悄悄地放在父母枕头下，让父母感受你的爱。4. 学生展示自己所写。教师总结：生活中的矛盾在所难免，只要我们心中有爱，有爱在彼此心中搭建桥梁，那么矛盾将不再可怕，在矛盾中我们也能幸福地成长。

## 第二节　活动育人篇：建设花儿成长乐园

《中小学生德育指南》指出：活动是中小学开展教育教学的重要形式，也是学生道德形成和发展的重要途径，更是学生喜欢的一种学习方式。在活动中，学校要充分激发学生参与的积极性，充分挖掘活动的教育意义，这样学生的道德认知和道德情感就会在潜移默化中发展。

学校有很多活动资源可以利用，如节庆纪念日活动、各种仪式活动、校园节活动、共青团活动、少先队活动等。这些活动是学生学校生活的重要构成部分，也是对学生进行思想道德教育的重要资源和载体。

### 一、活动特点

学校的活动育人，遵循下列特点。

（一）精心设计，充分挖掘活动中的德育资源；组织的活动应符合学生的成长规律和教育规律；

（二）主题明确、内容丰富、形式多样、吸引力强；

（三）价值取向上，以社会主义核心价值观为统领，以积极向上、鲜明正确的导向引导并激励学生，培养学生良好的思想品德和行为习惯，建设花儿成长乐园。

### 二、活动类型

开展各类活动，在活动中锻炼自己的能力，我校的活动分为三类——常规活动、特色活动、时事活动。1.常规活动悦身心，树信心。文体活动方面，开展各类体育比赛让学生喜欢运动、强健身体；参加红歌比赛、书写春联等活动，培养学生对传统文化的喜爱，厚植爱国情操；2.特色活动促拓展，培育担当精神；带领学生走进博物馆、红色教育基地，开展职业体验研学课程，让学生走出校门，开阔视野，培育担当精神；3.时事活动树情怀，立风骨。国家公祭日为遇难者默哀、清明节祭奠英烈，启迪学生树立家国情怀。

（一）常规活动：以七年级的活动课程为例

| | 活动时间 | 活动名称 | 活动目标 |
|---|---|---|---|
| | 9 月第一周 | 认识初中 | 了解初中的学习、生活状况 |
| | 9 月第二周 | 晒晒我的书桌 | 养成收拾书桌的习惯 |
| | 9 月第三周 | 个人物品收纳大赛 | 养成良好的收纳习惯 |
| | 9 月第四周 | 最美标兵选拔赛 | 养成良好的坐姿、站姿习惯 |
| | 10 月第一周 | 我与国旗合个影 | 培养爱国主义精神 |
| | 10 月第二周 | 笔记大师 | 学会记笔记 |
| | 10 月第三周 | 倾听者 | 养成听课的好习惯 |
| | 10 月第四周 | 大扫除总动员 | 培养团结、高效做事的习惯 |
| 七年级（上册） | 11 月第一周 | 谣言止于智者 | 培养良好的社交习惯 |
| | 11 月第二周 | 自律者自由 | 培养自我管理的习惯 |
| | 11 月第三周 | 21 天体育打卡大赛 | 培养持续运动的习惯 |
| | 11 月第四周 | 21 天阅读打卡大赛 | 培养阅读的习惯 |
| | 12 月第一周 | 聆听习近平总书记的故事 | 学习国家领导人的精神 |
| | 12 月第二周 | 国家公祭日活动 | 培养不忘国耻，努力奋斗的情怀 |
| | 12 月第三周 | 我该怎么说？ | 养成文明用语的习惯 |
| | 12 月第四周 | 红歌比赛 | 培养家国情怀 |
| | 1 月第一周 | 考前总动员 | 培养复习的策略 |
| | 1 月第二周 | 考试我不怕 | 培养应试心理 |

续表

| | 活动时间 | 活动名称 | 活动目标 |
|---|---|---|---|
| 七年级（下册） | 2月第三周 | 制定目标 | 培养目标意识 |
| | 2月第四周 | 执行力的生命力 | 培养做计划、完成计划的习惯 |
| | 3月第一周 | 主动做事的秘密 | 培养凡事主动积极的习惯 |
| | 3月第二周 | 数学家华罗庚的故事 | 培养专注做事的习惯 |
| | 3月第三周 | 新东方的前世今生 | 培养做事坚持的习惯 |
| | 3月第四周 | 学雷锋我在行动 | 培养服务他人的意识 |
| | 4月第一周 | 红色故事大赛 | 学习革命先辈的事迹 |
| | 4月第二周 | 画出红色经典 | 学习革命先辈的精神 |
| | 4月第三周 | 职业体验 | 体验父母的职业 |
| | 4月第四周 | 锦城湖畔行 | 培养热爱家乡的精神 |
| | 5月第一周 | 走进博物馆看红军 | 学习革命先辈的精神 |
| | 5月第二周 | 红色书籍阅读指导 | 了解历史 |
| | 5月第三周 | 红色书籍阅读手抄报展示 | 培养学生学有所用 |
| | 5月第四周 | "我和我的祖国"演讲比赛 | 培养学生爱国情怀 |
| | 6月第一周 | 我为父母写首诗 | 学会感恩 |
| | 6月第二周 | 送你一朵小红花 | 学会欣赏同学优点 |
| | 6月第三周 | 我的恋爱观 | 树立正确的人生价值 |
| | 6月第四周 | 栀子花开 | 热爱自然，热爱生活 |

（二）特色活动：中华传统节日、重大节庆日教育活动

1. 中华传统节日

| 主题 | 内容与形式 | 活动目的 |
| --- | --- | --- |
| 春节和元宵节 | 小学组织学生在寒假期间通过写春联、包饺子、剪窗花等形式开展"我给家人送祝福""大手小手包饺子""手写春联庆团圆""我的压岁钱我做主"等主题活动；中学组织学生在寒假期间通过诗词吟诵、实践调查、志愿服务等形式开展"正月诗歌齐声诵""春节起源小调研""为空巢老人送祝福"等主题活动。 | 通过在寒假期间开展贴春联、送祝福等活动，对学生进行中华优秀传统文化教育，增进学生对中华优秀传统文化的认识，加深学生对民族文化的认同。 |
| 清明节 | 小学组织学生通过制作手抄报、主题班会、主题征文、经典诗文诵读等形式开展"清明祭英烈""缅怀先辈·学会感恩"等主题活动；中学阶段可组织学生通过祭扫烈士墓、网上祭扫、环保志愿服务等形式开展"小手拉大手，文明祭英烈""忆英烈·承先志"等主题活动。 | 使学生了解清明文化习俗，感受我国悠久的历史文化，加深学生对中华优秀传统文化的热爱，培养学生的爱国情感，让他们在纪念先辈的同时，懂得今日幸福生活的来之不易。 |
| 端午节 | 小学组织学生通过包粽子、编儿歌、观看赛龙舟等形式开展"美味粽子大比拼""龙舟精神代代传""爱国诗歌朗诵会"等主题活动；中学组织学生通过实践调查、研学旅行、诗词吟诵等形式开展"粽子叶的选取调研""探访屈原故居""爱国诗词朗诵会"等主题活动。 | 开展相关教育活动，可以使学生了解端午节的起源和风俗，缅怀爱国诗人屈原，弘扬爱国主义精神和中华民族传统美德，使学生在了解端午节的起源和风俗的基础上，体会端午节所传达的文化气息。 |
| 中秋节 | 小学组织学生通过试做月饼、赏月、猜谜、制作手抄报等形式开展"月圆中秋诗歌会""月饼鉴赏大会""中秋节手抄报展览"等主题活动；中学组织学生通过实践调查、志愿服务、趣味运动会等形式开展"月饼市场小调研""我为交警送月饼""亲子团圆运动会"等主题活动。 | 结合中秋节开展相关教育活动，可以让学生体验不同的中秋节日习俗，感悟以月抒怀的诗歌所传达的美好情感，感受传统节日与当今生活的有机融合。 |

续表

| 主题 | 内容与形式 | 活动目的 |
|------|-----------|---------|
| 重阳节 | 小学组织学生通过绘制手抄报、给爷爷奶奶写封信、登高踏青等形式开展"重阳起源我来谈""我给家人写封信""金秋踏青"等主题活动；中学组织学生通过志愿服务、主题诗朗诵、国画展览等形式开展"为空巢老人送祝福""九九重阳赛诗会""我为爷爷奶奶办展览"等主题活动。 | 使学生进一步了解传统节日习俗，增加对老人的敬爱之情，并将爱家、爱老升华到爱国、爱社会，树立家庭责任感和社会责任感。 |
| 二十四节气 | 开发与传统文化节日相关的校本课程。 | 增强中华传统文化教育的系统性和科学性，完善教学体系和内容，通过深入浅出、循循善诱的课堂教学陶冶学生的情操，培养学生的志趣，提高学生的人文素养。 |

### 2. 重大节庆日教育活动

| 主题 | 内容与形式 | 活动目的 |
|------|-----------|---------|
| 植树节（3月12日） | 小学开展在班级和校园内种植绿色植物、为班级和校园内的花草树木制作信息卡等活动；中学通过研学旅行、社会实践等形式到绿色植被稀少的地区种树，走进社区宣传绿色发展理念。 | 通过活动引导学生保护树木、热爱大自然，形成环保、绿色、节约理念，尽自己能力植树造林，为建设美丽中国贡献自己的力量。 |
| 劳动节（5月1日） | 小学开展以"劳动光荣"为主题的演讲或征文、为劳模送祝福等活动；中学开展爱心公益、社会实践基地教育等活动。 | 通过活动引导学生养成热爱劳动的习惯，形成尊重他人劳动、不窃取他人劳动成果的意识。 |
| 青年节（5月4日） | 中学举行新团员入团仪式、五四精神宣传等活动。 | 通过活动引导学生传承五四精神，树立坚定的社会主义信念。 |
| 儿童节（6月1日） | 小学开展送祝福、文艺演出、"六一"表彰等活动，举办"争做好儿童、好少年"主题教育活动。 | 通过活动宣传爱护儿童、保障儿童福利的思想，激发学生热爱生活、热爱学习、热爱校园的情感。 |

续表

| 主题 | 内容与形式 | 活动目的 |
|------|-----------|---------|
| 教师节（9月10日） | 以班级为单位开展"师恩难忘"主题班会；中学在学校范围内开展"敬师爱师"系列主题教育活动。 | 通过活动引导学生感谢师恩、尊师重教。 |
| 国庆节（10月1日） | 开展"我和国旗合个影"主题活动、"爱我中华"歌咏比赛等；中学让学生诵读经典、观看爱国主义影片等。 | 通过活动深化爱国主义教育，培养学生热爱社会主义祖国的朴素情感。 |

（三）时事活动：纪念日教育活动、主题教育活动

1. 纪念日教育活动

| 主题 | 内容与形式 | 活动目的 |
|------|-----------|---------|
| 学雷锋纪念日（3月5日） | 开展朗诵雷锋故事、主题升旗仪式、献爱心等活动；中学阶段可针对空巢老人、留守妇女儿童、困难职工、残疾人等群体，组织开展以"帮贫扶困助残"为核心的各类形式的志愿服务活动。 | 通过一定的措施推动学雷锋活动常态化，把学雷锋和志愿服务结合起来，健全学校志愿服务的制度和实施方案。 |
| 七七抗战纪念日（7月7日）、中国人民抗日战争胜利纪念日（9月3日）、九一八纪念日（9月18日）、烈士纪念日（9月30日）、一二·九运动纪念日（12月9日）、南京大屠杀死难者国家公祭日（12月13日） | 开展祭扫、歌咏比赛、国旗下讲话、悼念等活动；中学阶段可组织夏令营、冬令营、革命基地实践、研学旅行以及各种参观考察活动，把深刻的爱国主义教育融入生动有趣的课外活动。 | 对学生进行爱国主义、集体主义和社会主义教育，激励学生继承先烈遗志，勤奋学习，奋勇拼搏，勇担建设祖国的历史责任。 |
| 中国共产党建党纪念日（7月1日） | 开展优秀党员进校园宣讲、红色诗歌朗诵会、红色经典读书交流会等活动；中学阶段可利用社会实践基地、红色教育基地开展活动。 | 使学生了解中国共产党，有热爱中国共产党的朴素情感，积极践行社会主义核心价值观。 |

098 ｜ 立德尚善，在最适合季节尽情绽放

续表

| 主题 | 内容与形式 | 活动目的 |
| --- | --- | --- |
| 中国人民解放军建军纪念日（8月1日） | 组织学生参观军事博物馆、历史博物馆，开展国防教育主题夏令营等活动；中学阶段可利用学校周边资源开展参观军事博物馆、抗日纪念馆、革命遗址等研学旅行活动，还可以利用互联网开展国防知识科普、电子板报制作等活动。 | 通过活动引导学生了解中国人民解放军的光荣历史，树立国防意识，从而激发他们的爱国热情。 |

### 2. 主题教育日活动

主题教育日活动是一种重视学生的实践和学习体验、注重"做中学"的教育形式。主题教育日活动的开展要重视主题发生的地方、发生的日期、发生的意义和价值等，结合不同主题开展形式多样的教育活动。

| 主题 | 内容与形式 | 活动目的 |
| --- | --- | --- |
| 环境类教育日 | 小学开展板报制作、垃圾分类、随手拧紧水龙头、为学校植物浇水等体验类活动；中学结合不同活动主题开展植树、学校用水调研、学校环境普查、监督学生垃圾分类等相关实践活动。 | 通过活动普及自然环境保护知识，让学生树立可持续发展观念，培养健康、文明、低碳、环保的生活方式，增强爱护环境的意识。 |
| 国家重要领域教育日 | 小学开展参观航天与航海主题博物馆、听航天员讲故事、动手制作小火箭（卫星）等活动；中学组织学生通过研学旅行的方式走进航天卫星发射基地和对公众开放的航海教育基地，还可结合学科知识让学生设计、制作水火箭模型等。 | 通过主题教育活动普及航空航天和海事、海洋权益知识，引导学生从小树立报国之志，弘扬航天精神和"郑和精神"，积极关注国家航空航天和海洋事业的发展，激发学生对祖国航空航天事业、航海事业、海洋事业、海事事业的热爱。 |

续表

| 主题 | 内容与形式 | 活动目的 |
|------|-----------|---------|
| 健康教育、知识普及类教育日 | 小学组织学生听医生讲健康小常识、制作健康知识展板、参加健康知识竞赛等；中学利用学校周边的医疗资源，在不影响正常医疗秩序的情况下，让学生体验医疗服务，做医院志愿者、科普宣传员，走进社区，为老年人讲解健康知识等。 | 通过主题教育活动普及健康知识，宣传健康的生活习惯，使学生远离毒品，自觉抵制不良诱惑，树立维护环境卫生、保护生命、尊重生命的观念。 |
| 安全教育类教育日 | 小学组织学生进行逃生演练、消防演习，通过板报制作、科普宣讲等活动向学生宣传相关国家安全知识；中学组织学生走进公安局、检察院、法院，实地观察、了解公检法机关的工作，走进消防队和急救中心，学习灭火、心肺复苏等急救自救方法。 | 提高学生自护自救的素养和防范能力，让学生养成良好的安全行为习惯。 |

## 3. 仪式教育活动

| 主题 | 内容与形式 | 活动目的 |
|------|-----------|---------|
| 入学仪式 | 宣布仪式开始；升国旗，奏唱国歌；校长致辞；新生代表发言；寄语活动（高年级学生代表、教师代表、职工代表寄语）；新生宣誓；宣布结束，各班退场 | 增强国家意识、强化国家认同，积极爱国、理性爱国，自觉维护祖国利益、尊严和荣誉。 |
| 毕业仪式 | 宣布仪式开始；升国旗，奏唱国歌；校长致辞；颁发毕业证书；学生感恩父母（鞠躬、献礼物、拥抱、感谢等）；毕业学生代表发言；在校学生赠言；领导讲话 | 引导师生将个人的成长与祖国的繁荣紧密结合起来，形成责任意识和使命感。 |
| 告别童年仪式 | 升国旗、唱国歌、面对国旗宣誓、校长勉励、教师祝愿、表达心声、颁发纪念物等 | 引导广大学生进一步增强国家意识、强化国家认同，积极爱国、理性爱国，自觉维护祖国利益、尊严和荣誉。 |

4.校园文化节

| 主题 | 内容与形式 |
|------|-----------|
| 科技节 | 组织开展利用废旧物品进行小发明制作、科研院所专家进校园等科普宣传活动；中学结合学校实际情况，组织学生进行科技发明创造、走进科研院所等动手性强、创造性高的主题教育活动。 |
| 体育节 | 组织开展趣味运动会、亲子运动会等形式多样、趣味十足、竞技性不强的活动；中学则可组织带有竞技性质的体育项目，如跳高、跳远、长跑。学校利用相关教育契机和资源（如奥运会、全运会，学校传统优势项目，学校体育界校友等），开展有针对性的体育活动。 |
| 艺术节 | 小学开展艺术展演活动，各班充分发掘自身优势，在学校平台上进行展示；中学则可分不同领域开展不同的艺术节活动，如话剧展演、音乐展演等。 |
| 读书节 | 小学组织开展亲子共读、名家朗读等活动；中学则开展读书汇报会、走访名家故居等活动。充分利用学校的特色和相关教育契机（如诺贝尔文学奖颁布、著名作家的纪念日等），开展形式多样的读书节活动。 |

## 三、活动意义

开展丰富多彩的班级活动，是班主任对班级的学生进行集体教育和个别教育培养学生素质的基本形式。班级集体活动促进学生良好个性的形成。从"知识世界"出发，引导每一个人面对"生活世界"，体验生活，发展个性、舒展自我，成为真正意义上的人。做好班级活动的设计与组织对学生核心素养的提升、班集体的凝聚力、良好师生关系的构建有着重要的意义。

（一）活动中发展学生核心素养

传统的课堂教学以其严密的组织性、计划性、系统性而成为小学各科教学的主要形式。但长期以来课堂教学的条条框框又像枷锁一样禁锢了学生的思维，使他们认为：在课堂上不可以随便讲话。以至于很多教师感叹："平时聪明伶俐，只要一上课就成木瓜了。"不信，请你想想，在我们的周围，是不是有一部分学生课堂上很安静，而一到下课铃声响起，他们的精神就来了呢？其实，在他们心中，这时已经很向往属于他们的课间活动了。学生通过活动切实锻炼了动脑、动手能力，也培养了兴趣、陶冶了情操。学生在活动中必然会遇到这样或那样的困难，他们几经周折解决困难的过程，寻求帮助，与人密切合作的行为，都是对学生极好的锻炼。其实，也就是培养了学生的素质，素质教育是以创新精神为核心的。在活动中，学生少了几分约束，多了几分创新意识，思维在活动中得到了极大的发展，我们有什么理由不重视开展活动呢？

通过各种活动，可以增长知识，提高认识能力。在活动中，他们通过各种感官去感受事物，也可接触各种人与事从中获得知识，开阔视野，增强思考能力。学生通过多种形式的活动可以学到某些技能、提高实践能力，因为参加丰富多彩的活动不仅要看、要听、要想，而且要说、要写、要做。社会调查、劳动、参观、访问、文艺、体育、科技活动都要身体力行，从活动的准备到活动的进行都可以得到一系列的学习、锻炼机会，从而提高自己的实践能力。通过班级集体活动能够促进学生良好个性的形成，学生的个性品质、兴趣、才能等在集体活动中能得到表现，也在活动中得到巩固、发展和调整。性格内向的学生，有的由于在多次活动中获得满意的角色而积极参与，其智慧和特长得到发挥，变得活泼、开朗，喜欢与别人交往。而热情欠踏实的学生，在集体活动中多次承担较复杂任务，也能锻炼得比较冷静、实在。

（二）活动中增强班级凝聚力

班级凝聚力以良好学风、班风的形成为基础。班级活动可以实现对学生集体价值观念的培养。它通过创设亲切、平等、宽松的课堂或户外活动氛围，及时、有效地批评和纠正学生中的错误想法或行为偏差，逐步构建刻苦学习、努力锻炼、互相关心、求实向上的班集体，从而形成强大的班级凝聚力。

班级活动是建设良好班集体的重要组成部分和最重要的内容。班级的共同努力目标要靠班级每个成员共同参与活动而实现。班集体的形成，需要通过一系列教育活动，而集体活动的有效开展，可促使集体目标的实现、集体纪律的增强、同学友谊的发展，因而，也在一定程度上标志着集体的形成、发展、巩固。没有经常的集体活动，集体的生命是孱弱的，整个班级没有生气，导致集体发展停滞以至集体"窒息死亡"。中学生喜欢参加各种生动活泼、富有情趣的集体活动。集体观念、集体的义务感和责任感、集体的荣誉感、为集体服务的能力等，都在集体活动中得到发展。通过集体活动增强集体凝聚力，调动每个成员的积极性，形成健康积极的集体舆论和良好风气。

一个团队的凝聚力和向心力往往是在活动过程中逐步形成的。也只有在活动过程中，在所有集体成员为共同的目标而努力奋斗的时候，学生才能体会到集体的力量，体会到协作的重要性，一个没有活动的集体永远不能成为真正的"集体"。班级活动有助于实现班级教育目标，培养学生的集体荣誉感和责任感，从而促进班集体的发展与完善。班集体是从实现班级奋斗目标的实践活动中发展和巩固起来的。目标是班集体发展的方向和动力，而组织相应的具体活动则是班集体向着既定目标前进的重要形式。只有在班级活动中，学生才能正确认识个人与集体、个人与他人的关系，培养集体主义精神和对集体的责任感、义务感。

（三）活动中构建良好师生关系

班级活动一方面是班主任展现个人才华、形象和魅力的重要舞台，另一方面也是师生同欢共乐、情感交流的场所。在师生互动、平等和谐的气氛中，教师可以"不为师"，学生可以"不为生"，师生共鸣，隔阂顿失。这种双向的、多向的和混合式的教育模式，是构建良好师生关系的最佳桥梁。

在健康、有益的班级活动中，正确的、合理的东西得到肯定、弘扬，错误的、不良的东西则为大家所不齿。这样，正确的舆论和班风就会逐步形成、发展起来。形成便于教师实施教育的良好氛围，在活动中，平时紧张的学习氛围也得以缓和，让学生了解教师的另外一面，利于构建良好的师生关系。

## 四、案例举例——本地文化探究活动

案例4-2

### "探寻蓉城秋味"活动方案
——八年级（3）班

一、活动时间

2020年9月2日或者2020年9月21日，游览时间不少于2小时（除交通之外）

二、活动地点

望江楼公园、人民公园、杜甫草堂（浣花溪公园）（三选一）

三、活动目的

（一）增加亲子相处时间，领略山川景物之美。

（二）了解成都文化，观察季节变化，培养学生热爱自然、热爱生活的情操。

（三）练习写游记散文。

四、活动参与人

学生，家长（说明：此活动必须由家长陪伴，杜绝三五好友相聚出行）

五、活动准备

（一）百度查询三个地区的建设历史，了解建园背景（学生自主完成）。

（二）提高安全意识：财物、人身安全，学习相关防盗防骗措施。

（三）查询公交线路，规划最优路线（学生自主完成）。

六、活动流程

（一）活动准备：拍照工具、笔记本、笔、伞、纸

（二）乘坐公共交通，戴好口罩！

（三）游园

1. 随手记载地名、景物名、遇到的古诗。

2. 观察园内景物特征。抓住树、草、花、水的特征记录，发现其美。

3. 观察公园内的雕塑，了解其由来、含义、价值。

4. 观察建筑物的特征，随手记载。

5. 为有特色的景物、植物拍照。注意角度：近距离放大、远眺整体、群像、个体，注意观察的顺序。

（四）写作

1. 先总体写概貌，写由来。

2. 按照一定顺序（时间、空间）选择两三种代表性的景物进行细节刻画，注意使用修辞让表达更加形象；

3. 选择一两种人文景观（建筑、雕塑）细节描写，其外貌、由来、意义。

4. 写本次游览发生的一两件趣事，跟公园有关的。

5. 写本次游览的感受，从个体对景物的喜爱，升华到对成都文化的总结，或者在对历史的回望中发表对自己人生的规划、畅想。

6. 要求先手写，再出电子稿，有图片更好！

（五）上传

1. 制作文档，上传至班级群，文档内配图可以自己拍摄。

2. 择优发布公众号。

七、活动要求

（一）体现学生自主性，从路线、午餐到景点查询、游览内容，全部由学生规划，家长请当甩手掌柜！

（二）整个游览过程，除了拍照、查询路线、阅读查看资料，杜绝使用手机，请用双眼感受山川之美。

（三）一定要有家长陪伴，如无家长陪伴，请私信老师。

案例4-3

## 不负时光：为更好的中国
### ——"双减背景下的自主管理"主题班会
### 成都高新新源学校　刘钟元

### 一、活动背景

2021年7月，国务院办公厅印发了《关于进一步减轻义务教育阶段学生作业负担和校外培训负担的意见》。意见中指出："科学利用课余时间。学校和家长要引导学生放学回家后完成剩余书面作业，进行必要的课业学习，从事力所能及的家务劳动，开展适宜的体育锻炼，开展阅读和文艺活动。个别学生经努力仍完不成书面作业的，也应按时就寝。引导学生合理使用电子产品，控制使用时长，保护视力健康，防止网络沉迷。"当过重的作业负担和校外培训减少后，学生拥有了更多可供支配的课余时间，比如放学、周末、寒暑假等，我们把这些时间称之为学生自主生长的时间，自主生长的时间是否利用得当是衡量学生自主管理能力的标准之一，也关系着学生的健康成长、全面发展。

自主管理包括很多方面：物品管理、时间管理、健康管理、言谈举止管理、品德管理、做事管理、个人发展管理、情绪管理，等等，整个初中阶段以"自主管理"为核心，以各个方面为点位可开展一系列班会课程，由小到大，逐步让学生学会自主管理，本节课因为时间有限，仅选取"时间管理"

这一支架，旨在让学生在能力增长的背景下学会科学利用课余时间，合理安排学习、体育锻炼、劳动、阅读、文艺特长、睡眠等时间，从而实现自主发展，阳光成长。

二、学情分析

本节课所面向的对象为七年级下的学生，本阶段的学生进入初中已过半年，对初中学习生活刚刚适应，但随着"双减"的落地，以前被作业、课外辅导机构占满的时间被释放，学生拥有了更多可自主支配的时间，却缺乏主动管理时间的意识和方法，大部分学生每日仅仅听从教师的安排，缺乏对时间管理的价值认识和具体可操作的方法。部分学生虽有计划，但落实不够，在时间安排上要么低效高耗，要么流于形式，需要加强时间管理意识和能力的培养。

七年级这一学段的学生具有以下特点：生理发展迅速，心理发展相对滞后，自尊心、自我意识较高，渴望得到教师和家长的尊重和表扬，但自律性不高，没有长远规划，情绪容易激动，也容易疲劳，在"双减"背景下，更应提高学生的自主管理意识和自主管理能力，帮助学生学会学习、学会做事、学会生活，促进其身心健康发展。

三、活动目标

（一）认识时间管理的价值，培养主动管理时间的意识。

（二）明确和实践时间管理的方法，学会科学利用课余时间。

（三）树立全面发展、健康成长的人生价值观，塑造主动积极、向上向善向美的精神风貌，树立为祖国更好未来而奋斗的远大志向。

四、活动准备

（一）教师准备实验材料、PPT。

（二）学生填写调查问卷，提出自己在时间管理方面的经验和问题。

五、活动流程

（一）破冰导入，引入时间的主题

教师作简单的自我介绍。

邀请同学介绍同班同学："我敬佩……，因为……"（要求点到人头，说出细节）。

设计意图：

1. 利用自然的聊天开场，消除学生与接班教师之间的隔膜，放松上课气氛。

2. 学生的互相正面评价，发挥同辈群体作用，引领学生向上向善，同时为最后一个板块升华课题做铺垫。

【预案1】学生一片沉寂，说不出来。

师：在我的班上，每周开两次修身班会课，班会课上有的同学关注班级同学为班级勤勤恳恳做事，有的同学关注班级同学刻苦努力学习，有的同学关注班级同学体育刻苦锻炼，有的同学关注班级同学点滴的进步，大家也可以说一说这些方面。

【预案2】学生表扬的同学里有学习认真的、热心帮助他人的、体育刻苦锻炼的、特长表现突出的、不迟到不早退的……

师：逐一表扬学生，他们有一双发现美的眼睛和被表扬的同学所具备的美的品质。同时，在被表扬的同学中，采访学习、体育、劳动、助人方面都被点到名字的同学，采访他们是如何既能做好……又能……

【预案3】被表扬的同学中单方面比较优秀，评价同学们都有向上向美的品质，自然用表扬引入下一环节："通过同学们的回答，我了解到咱们班是一个向上向善的班集体，也认识了很多优秀的同学，接下来奖励大家一个小游戏。"

（二）游戏体验，明确时间管理的重要性

1. 师生参与游戏，游戏过程：学生将细彩纸条对折再对折，分成四等份，教师说明每一个刻度代表20年，整条彩带代表人生寿命80，学生先撕去八分之一，代表已经过去的12年；然后撕掉剩余纸条的二分之一，代表睡眠时间；再撕掉代表吃饭、走路、聊天、上厕所、发呆、做家务的三分之一时间，那么剩下的20年就是可供我们支配的自由时间。教师提问：从这个过程中发现了什么？

设计意图：通过参与游戏，明白人生很长，但可用的时间并不多，因此应该更加珍惜短暂的时光。

【预案1】学生撕完纸条后，没有什么发现和感悟。

师：（多多抽取学生分享感悟）

【预案2】学生通过撕纸条的游戏，感悟到了人生短暂，需要珍惜时间，合理规划。

师：对啊，这位同学说得真好，生命看起来很长，我们这一计算却发现，真正可供我们支配的时间并不多，那么你会把这宝贵的时间用在何处呢？

2. 追问：你会把这宝贵的时间用在何处呢？

【预案1】学生一片沉寂。

教师：看来关于生命的话题有时是沉重的，同学们沉默的思考恰好反映你们对这一问题的重视，有些同学可能心中有千言，但不敢说出口，但我很想了解大家的真实想法，采访一下这几位同学。

【预案2】学生回答：要好好享受生活、要好好玩乐、要好好陪伴家人、要锻炼好身体、要实现自己……的职业理想、要学习一样特长、要找到自己感兴趣的事……

教师：（一一板书学习、爱好、身体、职业、休息、陪伴……）要不辜负这短暂的时光，要在不能改变长度的基础上增加生命的厚度和重量，我们有如此多的内容要放进去，到底怎样才能兼顾这所有呢？让老师给你们讲一个故事吧！

（三）榜样举例，学习时间管理的方法

1. 讲述故事：《价值百万的简单创意》

伯利恒钢铁公司是美国的第二大钢铁公司，而这家公司的创始人齐瓦勃出生农村，既没有高学历，又没有大背景，他是如何把一家新兴公司做到美国第二大钢铁公司的呢？

在公司刚刚建立之初，他找艾维李提出了一个不寻常的要求：卖给他一套思维，要李告诉他如何能在短短的时间内完成更多的工作。

李说："好，我10分钟就教你一套至少可以提高50%效率的方法。"

"把你明天必须要做的最重要的工作记下来，按重要程度编上号码。早上一上班，马上从第一项工作做起，一直做到完成为止。再检查一下你的安排次序，然后开始做第二项。如果有一项工作要做一整天，也没关系，只要它是最重要的工作，就坚持做下去。请你把这种方法作为每个工作日的习惯做法。你自己这样做了以后，让你公司的人也照样做。你愿意试用多长时间都行，然后送支票给我。你认为这个办法值多少钱就给我多少。"李给了齐瓦勃一张纸说。

齐瓦勃认为这个思维很有用，不久，就填了一张25000美元的支票给李。后来，齐瓦勃坚持使用这套方法，在五年的时间里，伯利恒公司成为最大的不受外援的钢铁生产企业，而且多赚了几亿美元，他本人成了世界有名的钢铁巨头。

后来，齐瓦勃的朋友问他为什么给这样一个简单的点子支付这么高的报酬？齐瓦勃提醒他的朋友注意：后来的事实证明，我不是给多了，而是给少了，它至少价值百万元。这是我学过的所谓各种高深复杂方法中最得益的一种，我和整个班子第一次拣最重要的事情先做，我认为这是我的公司多年来最有价值的一笔投资！

2. 故事中齐瓦勃使用了什么方法用最短的时间完成了最多的工作，真正提升了公司效率呢？

设计意图：模仿是学习的第一步，初中学生，直接经验较少，教师课堂用成功案例可丰富学生的间接经验，从故事中寻找提升效率，不负时光的方法。

【预案1】学生一片沉寂，说不出来

教师：抽取学生回答，给予学生提示，引导学生关注齐瓦勃做的事。

【预案2】学生说到罗列每天要做的事，为每天要做的事排序

教师：总结，板书"提前规划"

【预案3】学生说到先做最重要的事

教师：板书"重要的事先做"

【预案4】学生说到要有目标（或者说不到目标）

教师：板书"明确目标"（齐瓦勃根据什么来确定什么是最重要的事呢？根据工作是否有效率，因此，我们要知道哪些事对我们来说特别重要，我们得要有明确的目标）

明确方法：1. 明确目标。2. 拟订计划。3. 最重要的事先做。

3. 教师总结：原来提升效率的方法这么简单，这几点不是所有的老师都常谈的吗？听过的请举手，照着严格执行的又请举手。

设计意图：在备课的时候，其实心里非常清楚，从故事中总结的这几点，学生平时也有所耳闻，问题的症结不在于知道，而在于是否实践，是否知行

合一，因此，本环节要引导学生实践好的方法。

【预案1】学生听过的多，实践的少

教师：看来有句老话说得很好，听过很多道理，还是会走同样的弯路，那如何避免走弯路，实践这些方法到底有没有效果，一起来听听我班上一位女孩的故事。

【预案2】学生听过的多，实践的多

教师：采访实践这套方法的同学，是如何实践的，获得了哪些成效，引出我班学生邵涵，今年参加中考，过去的三年她也实践过这个方法，一起来听听她的故事。

4.讲述邵涵的故事：邵涵是我们学校一名初三学生，今年即将参加中考，被选为区级十佳优秀团员，在中考百日誓师大会上作为优秀学生发言。然而，站在台前落落大方、侃侃而谈的她，在七年级的时候却不是这样的。

记得才入七年级时，心理课上，老师让同学们把过去不敢的事情，写在纸上，折成纸飞机放飞，邵涵写下的是这些话语：上课，我不敢发言；竞选三好学生，我不敢报名；上台表演活动，我不敢参加；因为不敢跟老师说话，甚至没有跟小学老师好好告别，就这样稀里糊涂地来到了初中。你看，军训时那个站在一角，在老师镜头前怯生生的就是她了。因为有这么多不敢，小学的她不仅成绩一般，也没有担任过任何班干部，没有获得任何荣誉，没有学会任何特长，放走纸飞机后，她下定决心要改变自己，把这么多不敢变成敢，一句轻飘飘的话要付出哪些努力呢？

首先，她开始拟定每日的任务清单，每完成一项，便给自己打钩，激励自己第二天继续坚持。就这样，一天又一天，在她的坚持下，从2019年第一次做每日的任务清单一直到2022年，足足写了两个本子。在任务清单中，为了克服在人前怕说话的问题，她每日主动练习朗读英语和语文；为了让自己变成更有实力的自己，她坚持首先完成各科作业；为了成为老师同学信赖的那个自己，她把给同学讲题列在清单里，更是第一时间完成老师交代的任务等。你看，电瓶车上，她在背英语单词；生物老师交代的实验，她第一时间完成。当然，体育锻炼也没有落下，今年的体考，她满分通过，想看看现在的她发言的模样吗？请一起欣赏视频。

5. 提问：邵涵是如何实践这三个方法的呢？

设计意图：引导学生从邵涵的个人经历中梳理成长的自变量，最终改变自己，用三年时间获得了提升。

【预案1】学生说到每天给自己打钩，每天列任务清单，能够坚持正确的事。

教师板书：坚持，专注。现在同学们打算实践这样的方法了吗？围绕你想要成为的那个人努力！

（四）情境模拟，实践时间管理的方法

1. 情境：试列出今天放学后的任务清单。

2. 情境：假设在周六托管班已经完成了所有作业，明天是周末，你一个人在家，你打算怎样度过这一天呢？请列好"周末清单"。

3. 学生根据情境，列好清单，分享。

设计意图：通过创设情境，引导学生将本节课所学灵活运用到自己的实践中，督促自己做好时间管理，自主安排，科学利用课余时间，向上向善发展。

【预案1】学生自主安排周末要做的事：体育锻炼，睡觉休息，跟朋友出去玩。

教师引导学生在安排好休息、社交等事情的基础上，还需认识自己的不足，确定自己的发展目标，细化目标，将具体的事落实到每一天的行动中。

【预案2】学生自主安排暑假的事，教师相机点拨，引导学生确定目标，拟定任务清单、坚持自我激励，先做最重要的事，潜心专注。

（五）结课升华，为更好的中国"启航"

1.教师：坚持做好一件事其实并不难，难的是把一件好事重复成千上万遍，同学们做的这张任务清单只有一页，可是邵涵做了整整三年，那么为什么她能如此自律、坚持不辜负每一天呢？我们一起看看在中考的前一天，她说了什么？

2.播放采访邵涵的视频。询问学生：你发现她为什么能够自律了吗？

设计意图：启迪学生当一个人做事、学习的强大动力来源于家庭，来源于国家时，会获得更大成就。不负时光不是为了自己的娱乐消遣，而是为了更好的中国。

【预案1】学生说到邵涵是主动担负民族复兴的重任。

师：是啊，个体不能孤立存在，当我们心中装下世界的时候，我们会更加强大。邵涵，正因为看到要为民族复兴而读书，所以自主自律，虽然未来不知道她最终如何，但至少成就了现在的自己，还记得过去的中国吗？看看现在的中国，是谁让中华民族有了这样的变化？

正是心怀祖国，自律的他们啊……邓稼先在艰苦的罗布泊通过完成每天的任务清单，最终爆炸了中国第一颗原子弹；袁隆平在动荡的"文化大革命"时期不辜负时光，最终让14亿人口不用再害怕无饭可吃；发现青蒿素、消灭疟疾的屠呦呦，他们正是对自己的时间百倍珍惜，心怀他人，所以，他们获得了极大的成功。同学们，当你不负时光，为更好的中国奋斗时，你会收获一个更优秀的自己，到那一天，我希望你能说我敬佩我自己，因为我不负时光，让中国更好。

## 六、板书设计

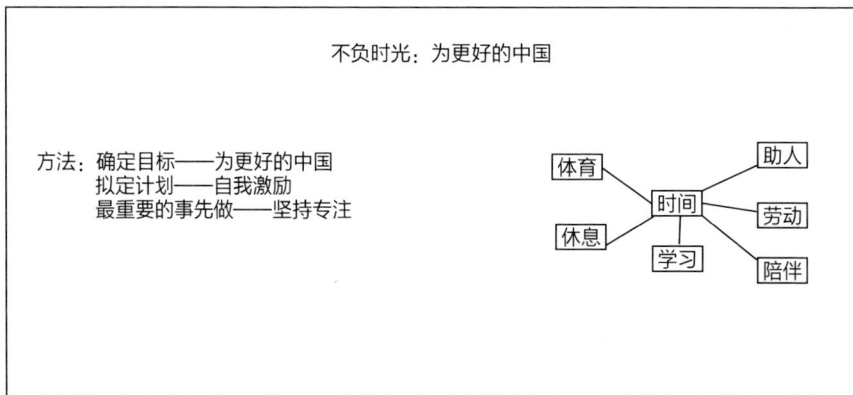

# 第五章 治班策略篇：探寻育德育心之道

## 第一节 班级制度建设

班级是学校中较小的组织单位，是学生们日常学习和交流的重要场所。为了保证班级秩序井然、学习氛围浓厚、团结友爱、和谐共处，建立完善的班级管理制度尤为重要。班级管理的好坏将直接影响学生的学习和生活，班级管理状况良好的班级，学生学习主动性强、氛围活跃、情感交流融洽、人际关系和谐，能够有效地促进学生成长成才。而班级作为一个集体，必须有一个坚强的核心，必须有一个功能完备的组织机构——班委会、团支部，这就得有一些班干部（团干部、小组长等）。他们应该是品学兼优、关心集体、有一定工作水平并且是在同学中最有组织水平的、在学生中最受尊敬的、最有威信的人；是班级中品行、学习、纪律、活动等各方面都比较优秀的同学，他们在班级管理中发挥着极其重要的作用。

案例5-1

## 浅谈中学班干部的培养

周　鹏

　　班主任是一个班级的管理者，班级管理工作纷繁复杂，光靠班主任一人之力的管理，只会让自己杂乱无章。同时，如果班主任事无巨细，大包独揽，不仅事倍功半，还会给学生一种"班级管理是班主任的义务"的错误意识，并把自己设定为班级管理的局外人角色，不利于班级的发展和学生综合素质的培养。

　　班干部可以比喻为班主任的亲兵，是一批团结在班主任周围的积极分子，他们是班集体的领导核心。班主任虽是班级的指导者，但在班级中，学生干部是一个坚强集体的核心力量，是带动全班学生实现班级共同奋斗目标的领头人。班主任选拔、培养、任用一批工作能力强、热情高的班委，让他们成为自己的亲兵良将和得力的左膀右臂，不仅可以提高班级的管理效率，培养学生的自治能力，培养学生管理班级工作的能力，同时也有助于培养学生自我约束、管理、教育、评价等方面的能力。那如何培养中学班干部呢？我有如下几点建议：

　　一、班干部的选拔任命要公平有策略

　　教师新接手一个班集体，对班上学生的状况不了解，在此前提下，切不可盲目地任命班干部，否则，会让班干部权威受到重要影响。开学后，教师可以预通报班委选举时间及班干部职务和人数，并指导学生作选举发言准备，在这段时间内，教师可留心观察班级所有学生的表现。

　　班委选举采用班级公开投票的方式进行，在选举开始前，先指导学生通过前段时间的相处及候选者的演讲情况来评判是否投票。班级投票只选出当选者，当场不作职务任命。投票结束后，综合当选者意愿、教师对学生的了解及得票结果最终任命职务。

二、为班干部树立威信是关键

班干部任职初期，由于对同学不了解及学生对学生干部职务权责不明晰，班干部是很难通过自己在班级树立威信的。没有威信的班干部很难在班级管理层面发挥管理作用，这就迫切需要班主任施以援手。教师可利用班会课，郑重地举行班委授职仪式、明确班干部的职责权限、告知全体学生"班委即班主任""在不违背法律和道德的前提下，执行班委的一切指令，若有不同意见，执行后再反映"等纪律要求。在平日的班级管理中，对于不服从班干部管理的行为进行严肃处理。对认真工作的班干部从操行分、评优等方面予以公开表彰。

三、明确班干部职责是核心

职务独立，分工明确，各班干部方能众志成城，为班级效力。设置班干部职位时一定要将职务划分清楚，各班干部才能各司其职，提高效率。

班长：负责协助班主任管理班级大小事务；

学习委员：负责早读、学习登记、作业检查登记；

纪律委员：负责自习纪律、课堂课间纪律、集会路队纪律；

生活委员：负责卫生监督、物品保管、午餐管理；

体育委员：负责集会排队、体育赛事；

文娱委员：负责班级布置、文娱活动；

班主任助理：负责操行分登记、小卖部管理资料收发、杂务处理。

四、班干部的培训是保障

班干部虽然在班级管理中充当管理角色，但其身份依然是学生，他们无法只靠自己去领悟班级管理策略和方法，这需要我们班主任对其进行系统的指导和教育。班干部培训可分两条线走：一是每周一次系统班干部培训会，对班干部从理论到实践进行指导教育；二是平日突发管理中的指导教育，针对某一突发情况，指导班干部思考解决策略。有效培养班干部需要教师尤其是班主任付诸智慧和力量，班干部培养得体，班级管理才能做到自主，班主任才能从纷繁的班级事务中得以解脱，班级及学生的发展也会更加顺利有效。

案例5-2

## 浅谈班主任工作中的治班策略

成都高新新源学校　胡　敏

时间总是匆匆而过，转眼间，一个学期又快过去了。回首自己的工作，既有喜悦，也有遗憾，但更多的是，看到自己的学生在不断地成长，心中还是倍感欣慰。班级管理工作取得了一定的成效，下面谈谈我的几点治班小策略。

一、勤跟班

作为一个班集体的班主任，我立足本职，本着对学生高度负责的精神，坚持以班为家，争早夺晚蹲班蹲点，时时刻刻加强对学生的管理和教育。这样，既有效地掌握了班级的第一手资料，及时了解了学生的思想动态，便于对症下药；又能及时制止班级的偶发事件，避免事态扩大，维持正常的教育教学秩序。如，每天早上、下午，我都坚持早到校，开好教室门，等待学生到校，让学生一到学校就有一种温馨的感觉，随即投入愉快的学生生活中。课间，认真观察学生中的一些不良现象，并消灭在萌芽状态。

二、勤与学生沟通

班主任不仅是学生行政上的领导，更应该是他们信赖的朋友。因此，我总是争取课余时间，把自己融入学生群体中，从学习、生活等方面与学生们亲切交流，加强感情的沟通，建立起民主和谐的师生关系。学生无论什么事情，都愿意跟我讲，为我提供了教育教学管理的各类意见。通过沟通，使我全面、深入、细致地了解了学生的内心世界，把握了学生的情感脉搏，并及时采取有效的管理手段，促进教育教学质量的提高。

三、勤激励

在班级管理工作中经常采用激励的教育方法，对调动学生的积极性尤为重要。

（一）发挥榜样作用，以榜样激励学生

优秀学生的榜样作用有很直接、很具体的意义，由于同学们生活学习在一起，学习环境和经历基本相同，学生中的榜样为学生所熟悉，更具有可比性，更易为其他学生所接受，能起到立竿见影的示范作用。因此，我经常采用不同形式对优秀学生进行表扬，使他们在学生中起到榜样的力量。

（二）积极挖掘学生的闪光点

在以榜样激励学生的同时，我善于发现和挖掘其他学生身上的闪光点，借助他们自身的优点激励其克服不足之处。尤其是对后进生，更是关怀他们，对他们所取得的点滴成绩和进步，都给予及时表扬，热情激励，为他们创造转化的契机和良好的环境，让他们"从失败中来，向胜利中去"。

总之，恰当地表扬和激励，对学生个人，有利于发扬优点和克服缺点；对学生群体，则有利于形成学习先进、赶超先进的良好风气。

四、勤与家长沟通

学生的教育管理工作单靠学校的力量是不够的，必须建立起家庭、学校、社会三位一体的教育活动网络，特别是要强化家长的职责，共同肩负起教育的重任。因而，我经常采用写便条、通电话的形式向家长反映学生的情况；向家长传授正确的教育方式方法。特别是对后进生，针对其不同阶段的表现情况，我更是不辞劳苦地家访或电话与家长联系，与家长共商转化对策，加强配合，有效监控，及时找出病因进行诱导教育，收到了很好的效果。

反思一个学期的班级管理工作，虽然取得了一些成绩，但也存在不少的问题，具体表现在：

（一）个别学生学习自觉性、组织纪律性较差

班里个别学生学习基础差，学习兴趣不高，成绩极差。而这几个学生往往也是在班里制造事端的人，他们无心上课，甚至影响同学学习，造成了很坏的影响，令老师们头疼。

（二）个别学生卫生意识差，废物乱丢，影响了班里的保洁工作

总之，班级管理工作是千头万绪的，工作方法也是千差万别的。今后，我将在实践中不断地探索、总结出行之有效的方式方法，并学习优秀班主任的经验，使自己的班级管理水平跃上新台阶。

案例5-3

## 新时代下初中班级文化建设的思考
### 成都高新新源学校　帅玉亮

新时代教育背景下，班级文化建设的根本任务是立德树人，初中班级文化建设可以通过班情分析、确立班级建设理念、明确班级发展目标和选择合适的班级文化建设策略来促进班级健康发展，进而培养新时代学生良好品德。

新时代教育背景下，初中班级文化建设策略是班主任根据班级实际和学生状况，确定班级发展目标和方向，选择主要的教育内容，采取合适的教育组织形式和教育方法而制定的班级建设方案集合，是班级建设的顶层设计。科学有效的班级文化建设策略根据学生身心发展特点，按照不同学段的教育共性和不同班级的教育个性对中学生进行既有针对性和目的性，又有系统性

和可操作性的思想品德教育和行为习惯培养，为青少年的健康成长奠定基础。

一、分析班级情况

《中小学班主任工作规定》明确，"采取多种方式了解班级内每一个学生，深入分析学生的思想、心理、学习和生活状况"，是班主任的岗位职责和任务之一。同时，作为班级文化建设的基础，班情分析应该做到客观、准确、全面地了解和分析班级、学生群体及个体的情况，以真正做到因材施教、因材治班。

（一）多维度分析

为了更全面了解班级情况，可以从学生的基本信息、心理发展、思想行为、学习状况、家长情况和学科教师情况等多维度分析。如某班一共有46名学生，包括24名男生、22名女生。男生平均身高152厘米，女生平均身高153厘米，均达到标准身高。生源主要来自自己学校，按成绩分班，质量在所属学校第一层次，走读制教学。

学生学习能力较强、对班级认可度高，老师年轻、认真负责，善于开展学科活动、关注学生的全面成长。

班级本地生源26人（主要以拆迁安置人员子女为主），外地生源20人（主要以外来务工子女为主）。

家长受教育程度主要集中在初中和高中，整体受教育程度较低，大多数家长关心孩子的成长，但缺乏科学有效的教育方法。

（二）客观准确地分析

班级情况分析必须尊重班级和学生实际情况，力求客观，实事求是，用辩证的观点客观准确地分析。基于以上分析，我们班所具备的优势有：

1. 班级学生整体学习能力较好，对班级认可度较高；

2. 家长对学校和老师认可度高，能积极配合学校工作；

3. 老师认真负责、善于开展学科活动、关注学生的全面成长。

面临的挑战有：

1. 学生升入初中，对初中的学习生活不适应；

2. 由于家庭因素及教学制度（走读制）的影响，学生无监管时间较多、自我管理能力较差；家长缺乏对孩子的理解和陪伴时间；

3. 家长受教育程度不高，缺乏科学有效的教育方法。

二、确立班级文化建设理念

班级文化建设理念是班主任结合自己的教育情怀、教育特色及学校育人理念等提炼形成的教育理念。对班主任确定班级建设目标、教育内容和教育方法等具有指导性作用。如"培养'品学兼修、尚美乐创'的向阳花学生"是我们学校的育人目标，结合我们班的具体情况，确立我们班的治班理念为：自主发展，健康生活——让孩子在全员担当、修身班会课中学会自主发展、品学兼修，让孩子在丰富多彩的班级活动中学会健康生活、尚美乐创！

三、明确班级学生发展目标

班级学生发展目标绝不仅仅是考多少分、考什么学校，而是对学生情感、态度、价值观和核心素养等的教育预期，也就是要把学生培养成怎样的人。一般包括短期、中期和长期目标。以立德树人为总目标，结合我们班的班情分析和自己的班级文化建设理念，确立如下目标：

近期目标：调整适应、全员担当、习惯养成；

中期目标：勇于实践、自主管理、健康生活；

远期目标：欣赏合作、追求卓越、全面发展。

四、提出班级文化建设策略

班级文化建设策略是指根据班情分析、班级文化建设理念和班级学生发展目标而选择的主要教育内容、教育组织形式和教育方法等。

（一）班级文化建设策略应具有针对性

这是保证治班策略有效的先决条件，否则就是徒有形式。如案例中班级的挑战一是"学生升入初中，对初中的学习生活不适应"，对应的实施策略是"活动开展，促成习惯养成"；挑战二是"由于家庭因素及教学制度（走读制）的影响，学生无监管时间较多，其间的自我管理能力较差；家长缺乏对孩子的理解和陪伴时间"，对应的实施策略是"全员担当，探索自主管理"；挑战三是"家长受教育程度不高，缺乏科学有效的教育方法"，对应的实施策略是"家校共育分享，成就健康生活"。而且，这些策略与我们上文中提到的班级目标也是一脉相承的。

（二）班级文化建设策略应具有操作性

治班策略不是纸上谈兵，是为达到班级建设目标的具体教育行为和教育方法，必须具有极强的可操作性。如某班级为了促成学生的习惯养成，规划一系列可操作性的班级活动：

策略一：活动开展，促成习惯养成

丰富多彩的班级活动，让我们学生在活动参与中养成习惯。

其中，"小朗读者"活动，我们通过文字感染人、鼓舞人、教育人；每周一的阅读交流活动，让我们分享智慧、碰撞精彩；这类阅读活动让我们逐步养成"幸福人生书相伴"的习惯。

每天的自主早读，让我们以良好的学习状态开启一天的学习；每周末的集错，让我们做一个善于总结反思的人……这类学习活动让我们逐步养成"乐学善学勤反思"的习惯。

班级乒乓球比赛、拔河比赛、篮球比赛等丰富多彩的体育活动，让我们"热爱运动常锻炼"。

小组学期展示、国旗下讲话——爱成都、主持校运动会及年级表彰会等，让我们慢慢"乐于沟通善表达"。

集体生日会、班级正能量树、祭奠革命烈士等活动，让我们学会"心怀他人有担当"。

开学军训、模拟法庭、参观成都博物馆、参加"未来城市"等活动经历，让我们学会"勇于实践敢创新"。

（三）班级文化建设策略应具有实效性

为了有效地实现班级发展目标，达到教育预期，文化建设策略应具备实效性。如，案例班级为了实现"自主管理"的班级目标，采取了如下策略。

策略二：全员担当，探索自主管理

"全员担当"是一种学生全员担责、自主管理的班级管理机制。这种管理方式主要途径是让每一位学生承担起班级至少一项细小而具体的事务管理工作，再结合修身班会课的担当总结和故事引领，培养学生的自主管理能力，这种方式强化了学生在管理中的"自主"地位和"职责"意识，克服了传统"班长—班委—小组长"班级管理模式中的学生"干部"地位和"职务"意识导向。在这种管理模式下，学生真正成为班级管理的参与者、评价者和决策者；班主任不再是事无巨细的"管理者"，而是班级管理的"指导者"和"引领者"。①

（四）班级文化建设策略应具有创新性

虽然每一阶段的学生有其发展的成长共性问题，但是每个班级又都是独一无二的，这就需要对存在问题和常规工作能提出创造性的解决及管理办法。如，案例班级针对该班"由于客观原因，家长陪伴时间较少；家长关心孩子的成长，但是缺乏科学的指导方法"的问题，创新性地提出如下策略。

策略三：家校共育，成就健康生活

组织丰富多彩的班级亲子活动，创造亲子陪伴时间，促进学生与家长的相互理解。其中，特殊的假期作业——走进父母职业现场，让我们孩子了解父母工作的一天，促进亲子关系的融洽发展；亲子活动——今天我主厨，为

---

① 黄光成，孙晓晖.《修身班会课教师用书（中学）》[M]，北京：北京师范大学出版社，2015，9~11页。

我们父母做一顿饭；三八节活动，让我们学会感恩母亲；亲子活动——成长路上，我们一起"苦行"等，让我们父母与孩子之间学会彼此珍惜、共同面对成长路上的困难。

通过班级微信公众号"我们的幸福五班"，每天分享我们孩子的成长足迹，让我们的家长换一种方式陪伴孩子成长。

开展家长教育工作，定期分享家庭教育的好文章：

家校共育分享（一）：如何帮助孩子适应初中生活？

家校共育分享（二）：如何培养一个幸福的孩子？

家校共育分享（三）：如何帮助孩子养成作业好习惯？

……

（五）班级文化建设策略应具有系统性

虽然前面提到，针对不同的班级问题提出相应的策略，但是所有的策略都是相互联系、相互影响的，这就要求班级文化建设策略应具有系统性。如案例班级中，为了解决班级的三个主要教育问题，采取了三个相应的策略，但是为了更好地实现班级建设的"三级目标"，还应将所有的策略实施系统化。

策略四：全面规划，促进全面成长

为了促进学生的全面成长，达到我们班的建设目标，我们班形成了自己的主题教育序列：

七年级教育序列，我们关注"习惯养成、学会学习"；

八年级教育序列，我们关注"自主管理、健康生活"；

九年级教育序列，我们关注"欣赏合作、追求卓越"。

科学有效的班级文化建设是落实新时代教育背景下"立德树人"这一根本任务的有效途径。新时代的班主任需要积极探索和认真思考如何提升班级文化建设的科学性和有效性，而探索和思考的过程，对于班主任的专业发展有着非常积极和深远的意义。

# 第二节　班级文化建设

　　班级文化是班级所有成员共同撰写的抒情诗，是班级成员共同形成习惯了的精神价值和生活方式，是班级建设、发展的思想统帅和精神灵魂。在素质教育和新课改的大背景下，传统的靠严格管理、强制打压等管理方式已经不再适用。如何建立科学合理的班级管理制度，通过形式多样的方法，推动学生自主管理能力的培养呢？

　　新源学校的育人目标是培养"品学兼修、尚美乐创"的阳光学生。在这个目标的引领下，班主任们在长期的实践中，发挥自己的优点和长处，在班级建设和管理中，形成了一套属于自己的方法和理论。从班级文化的布置，到班级制度的形成，再到班主任与学生沟通的小细节中，都藏着班主任的智慧。

案例5-4

## 好奖励打造好班规
### 张悦悦

　　国有国法，班有班规，秩序的建立离不开规则的约束。在班级管理过程中，好的班规能帮助学生在日常行为规范中形成规则意识，营造出良好的班级风貌。好的班规一定是在班主任和班级学生互商互谅的基础上，充分考虑本班的班情班风，如学生的年龄特征、心理状况、班级人数、地域跨度、贫富差距等，制定出的个性化班级约定。

一、文具是最好的奖励吗？

在践行班规管理的过程中，我设计了行为操守、课堂学习、作业情况、劳动评比4张班级考核表，分别由4位班委负责，每天放学前依据班规，给予相应的得分或扣分，以一学月为一评比周期，班级考核总分前十名的学月之星得到奖励。最初，我首选的奖励是文具。我认为文具是孩子们的消耗品，日常学习离不开，每个孩子都需要。文具采购来，满满一纸箱，铅笔、尺子、橡皮、便笺本、笔记本、中性笔、笔袋、墨水、钢笔……一应俱全，我想象着孩子们拿到奖品时的开心，盼望着学月末的考核评比。

一天，我正在办公室备课，学习委员跑来找我，说上课老师还没来，小静带头在班里胡闹。小静胡闹，她可是上次学月班级考核第一名获得者啊，她是吃了甜果子的人啊。怎么会？我很惊讶，火速到教室处理突发状况，让小静跟着我回了办公室。简单处理了这件事之后，小静看着我："张老师，我能给您提个小小的意见吗？"我示意小静说下去，"老师，学月之星的奖品可不可以换掉，我们都不想要文具，生日节日有人送文具，我们自己也有零花钱买文具，可不可以换成更特殊的奖品，我们会更加想要。"

原来，孩子们还有这个想法。想想也是，在准备奖品的时候，我也没征询过孩子们的意见，是我工作不够细致、考虑不够周到。看来，向孩子们征询奖品品类的时候到了。

二、最好的奖励是什么？

临时紧急会议，全班征询学月之星奖励。事关奖励，孩子们兴致很高，高高低低的小手聚拢在我面前，只差蹭到我鼻尖了。思宇说："张老师，您给我们奖励课外书吧？我的课外书总是很快就看完了。"思宇是个爱看书的孩子。课外书是个不错的点子，既是奖励，又能培养阅读的兴趣。我正思考着，鼓起腮帮、憋了满嘴话的小宏左手用力摆，右手高举，几欲站起来了。我牵起小宏的右手，让他站起来发表意见，"张老师，不好。思宇没有课外书了，她自己去买就是了！我希望张老师能给我们点不一样的奖励，买不到的奖励。"孩子们如林的小手放了下去，小脑袋点呀点。"对，我赞同小宏的想法。""我支持小宏。"小宏很快赢得了大家的支持，不一样的奖励、买不到的奖励？这可真是难倒我了。

班会课后，我仔细整理了孩子们的奖励愿望，梳理出以下十项：1. 一次与好朋友的悠闲下午茶（茶点地方时间张老师提供）。2. 一个全班同学能满足的小愿望。3. 一个张老师能满足的小愿望。4. 班级夸奖本一个（每个人写下对得奖者的表扬）。5. 优先吃饭卡一星期。6. 与好朋友同桌一天。7. 当班长一天。8. 班级布告栏张贴与好朋友的合照。9. 免家庭作业卡一张。10. 打电话给家长通报表扬。看着这些奖励类目，对孩子们的了解又多了几分。独生子女的他们希望有朋友的多多陪伴，温暖地浸润：比起简单的物质奖励，他们更喜欢个性化的愿望表达。奖励愿望清单念给孩子们听，孩子们一致通过。

这份奖励清单从五年级上期开始执行，到现在已经陪伴了我们两个半学期，在个性化愿望表达的基础上，根据孩子们的成长、班级的变化，作出了相应的调整。如"当班长一天"改成了"当任意班委一天"，因为有的孩子就是喜欢给大家分发水果、面包，想当生活委员，而有的孩子偏爱能够发出指令、指挥队列的体育委员。当然，这份奖励清单并不具有普遍适用性，最好的班规奖励一定是倾听了孩子们心声的个性化愿望表达。

好的班规，班级同学愿意去拥护、执行，和谐师生、生生关系。好的奖励让班级同学自觉遵守班规，发挥出班规的最大威力。好奖励才能打造出好班规。

案例5-5

## 小小印章大作用

陈　谦

俗话说："不以规矩不能成方圆。"没有完善的班级管理制度的班级必将是一盘散沙，必将会出现很多问题，也必将成为一个令人头疼的班级。可见，班级管理制度多么重要！

我现在带的这批孩子二年级了，从他们一年级入学时我就开始给他们制定了严格的班规。包括进校的礼仪、早读、课堂、课间、两操、午餐、清洁、作业等方面的要求。对于小孩子，不要指望他们服从你的命令，也不要用管理高年级孩子的方法来管理他们，那些都没用。所以，我在管理中加入了印章奖励，通过印章的作用促进孩子们形成良好的班级竞争机制，从而使班级形成良好的班风与学风。

一、健全印章奖励办法，激励学生积极向上

我班的印章是万能的，深入到班级管理的方方面面。学习上，作业质量高，书写美观，就会得到老师盖的印章。课堂上举手发言积极，回答正确率高，也会盖印章。如果是难度大的问题，一般也会有印章奖励。上课纪律好的孩子有机会得到印章奖励。在清洁劳动上，如果积极参加劳动，也会得到印章奖励。我班的孩子，特别是在做眼保健操和课间操时容易出现不认真的情况，所以，在两操方面，对于认真的孩子和动作规范的孩子也会奖励印章。

有些孩子在很多方面都不能得到印章，有可能会造成破罐子破摔的情况，为了充分调动每一个孩子的积极性，除了以上各项评比之外，还特别增加了一个参加活动奖励印章的制度。参加各级各类活动都能获得奖励印章。

奖励印章的个数与参加活动的级别有关系，与获得的奖次有关系。

二、参赛级别越高，奖次越高，奖励印章也越多

这学期开始，我每次在班会课给孩子们留一些时间作为才艺展示时间，让孩子们在班级的小舞台上多锻炼，当然，参加展示的孩子会得到印章奖励。自从有了这样的展示平台，孩子们可积极了，每次总会提前几天给我说班会课要表演。可见印章的魅力有多大！

我班的班干部们参与班级管理如果认真负责，管理效果好，每个月就会得到相应的印章奖励。

这也使得班干部们参与班级管理时更加尽职尽责，班级开始慢慢形成自主管理的方式。

完善印章扣除办法，促使孩子们自觉进步。

有奖就有惩。做得好就会得到印章，相反，做得不好就会被扣掉印章。因为有了扣除印章的管理机制，很多孩子怕辛辛苦苦得来的印章会被扣掉，所以在各方面都严格要求自己，尽自己最大的努力争取做到最好。这样一来，整个班级的班风不就变好了吗？自然，良好的学风也开始慢慢形成，整个班进入良性循环。

一些孩子因为在某些方面表现不够好而被扣了印章，他就会争取在其他方面把印章挣回来，这就使得更多的孩子变得积极主动。

三、印章兑换奖品，使得努力有盼头

得到的印章是可以兑换奖品的，奖品一般就是学习用品，比如橡皮擦、铅笔、卷笔刀之类的。以前10个印章就可以换奖品，后来发现奖品很快就被换完了，感觉有点泛滥，奖品得来太容易，有些孩子就不太珍惜。所以这学期我进行了改革，20个印章才能兑换到以前10个印章换的奖品，而且，奖品的价格越高，所需要的印章数也越多。这样的改革，虽然感觉兑换奖品有点

难，但是，为了能得到更多的印章，就促使孩子们去加倍努力。

小小的印章有着大大的作用，如果真正把印章用好了，我们的班级管理也会变得更轻松。

案例5-6

## 你的不经意，可能会影响他的一生
胡　敏

这是我和我班小徐（化名）的小故事。

小徐是我班一个不太爱和老师交流、成绩中等的孩子，性格里有一点叛逆，其实内心又很脆弱。一开始，我对他的印象其实不是很好，他每次在日记中都会写到，我不喜欢上学，我喜欢和朋友玩，喜欢周末。我把他归类到厌学那一类学生。他的心理脆弱其实来源于日记，我从他的日记里看出来，他很在乎和朋友的关系，害怕自己被冷落，害怕孤单，但凡有一点点委屈和不开心，心里就会难受很久。他一开始在我心里就是这样的一个男孩子。而我在他的眼里估计也是一个穷凶极恶的讨厌的班主任吧，因为我对他没有太多的关注。

事情的转机在于一次和家长的交流，这学期开始，我看到他的状态越来越差，我就和家长联系，告知了情况，没想到他回家被家长狠狠地批评了，他很不开心，就在日记里写道："老师你好烦"。当时我很生气，我想这个孩子很不尊重老师，我好心好意为他好，回头他却说我很烦。当时我就说，我再也不要管这个孩子了。第二天，他的日记里依然表露着对我的不满，而我开始静下心来想，为什么孩子会这么讨厌我，是不是我真的哪里做得不好。

我开始换位思考，确实，如果我是他，明明就不喜欢的班主任，突然给家长告了状，自己还被家长批评，心里肯定会不开心，甚至心生怨恨。

一个课间，我叫来了小徐，首先向他说明，我很难过，因为他的言辞里没有尊重，但是我又很理解他，如果是我，我也会不开心。他的情绪渐渐缓和，慢慢开始听我讲，我认真且诚恳地向他说明了这次我的初心，我希望他更好。他也渐渐开始和我交流，不知道说到什么，我们都笑了，这次的矛盾算是顺利化解了。他开始理解我的想法，并且愿意和我有更多的交流。从那之后，他就经常问我，老师，你什么时候有时间，我想找你聊一聊，他开始和我讲很多关于家庭、关于朋友的事情，我也越来越了解他的想法，我们渐渐成为好朋友，他偶尔还会吐槽我的孩子气。

我们甚至会在微信里互相斗图，还会相约一起打游戏。

这学期，他的成绩突然一落千丈，面临着分班的难题，他表达了对我的不舍，我也希望他可以再考回来。这一次我联系了他妈妈，通过交流得知，他对我从心态上的改变是从一次打扫卫生开始的，他很困，趴在桌子上休息，本来该他打扫的，但是他实在太困就没有去。我经过他身边，却没有批评他为什么不去打扫卫生，他对我的转变从这里开始，其实我真的不知道是什么时候的事情了，我一点儿印象都没有，或许那个时候我根本就没有发现他没去打扫卫生，他却记在了心里。

在和学生的相处中，其实你不经意的一个小小举动，可能会影响他的一生，这也在提醒我：对待孩子，更多的要包容和理解，给他们更多的关爱，他们真的还只是孩子，这个年纪，他们的小小错误，发现了，指正了，就是新的开始。我和小徐的故事还在继续，期待他续写他的精彩人生。

案例5-7

## 润物无声——教室环境美化之点滴

三年级（1）班　付晓群

　　班级是学生最重要的成长环境之一，俗话说得好："环境造就人。"苏霍姆林斯基曾经也说过："只有创造一个教育人的环境，教育才能收到预期的效果。"优美的教室环境不仅能给学生增添生活和学习的乐趣，还有助于培养学生正确的审美观念，激发学生热爱班级、热爱学校的感情。教室环境的美化就像春雨一样"润物无声"，启迪学生的智慧，陶冶学生的性情，温暖学生的心灵。接下来，我就从四方面来说一说我班教室环境的美化。

　　一、让墙壁"说话"

　　充分利用班级各面墙壁，让教室环境生动起来。黑板左侧为中队建设栏：张贴中队名称、口号、班训、教师寄语、班级全家福；黑板右侧为"温馨提示"班务信息栏和荣誉栏：张贴"三表"，即班级课表、作息时间表、班队干部职务表，以及班级获得的各种奖状；教室右侧内外墙张贴的内容丰富多彩：优秀的语数小报、精美的手工制作、各种传统节日的手抄报，等等。不让一面墙留白，让每一面墙成为"无声的导师"。

　　二、办好黑板报

　　黑板报是以黑板为载体的一种最通俗、最传统的宣传、教育工具。办好黑板报能起到很好的育人作用。班级黑板报的版面设计力求做到：主题鲜明、版面清晰、重点突出、布局合理、图文并茂、色彩明丽、书写工整。低段以画为主，文字为辅，高段则反之。这期，我做好家长工作，利用网络资源，甄选板报材料、家长自愿网购。这样，既提高了工作效率，又提升了板报的质量，真是一举两得。

### 三、建立"阳光书社"图书角

为了大力推进阅读，使学生好读书、读好书、读整本书，养成终身学习的好习惯。从一年级开始，我就发动"群众"的力量，由每个孩子自愿从家里带一两本课外书和同学分享，积少成多，变成一个班级图书角。同时，和孩子一起制定图书借阅公约，设立书社管理员，每月更换一次。

### 四、建立卫生角

教室是我家，清洁靠大家。设立专人负责，分工打扫，定时检查，小组评比的竞争机制。每天做到一打扫两清扫，保持地面整洁无垃圾，课前准备强落实，课桌椅子摆整齐，学习用品放整齐。

教室虽小，可它处处有宝，关键还要看我们如何利用。只要能彰显班级特色的教室布置，就是最优秀的文化环境。

案例5-8

## "荷"而不同，活泼有序
### 五年级（3）班　谭　琳

### 一、文化立人——堂堂正正

荷，被誉为"花中君子"，出淤泥而不染，濯清涟而不妖。因此，中队以荷为意象，寄托着我们堂堂正正做人、认认真真求学的愿望。

中队理念：小荷初绽和而不同

中队口号：今日事，今日毕

老师寄语：好孩子，行事要努力

学习上："专心致志，敏而好学""安安静静学习，开开心心活动"；习惯上："今日事，今日毕"；安全上："任何时候，安全第一"。这些口号我们耳熟能详，得到大家的认同并自觉内化为实际行动。

二、制度育人——活泼有序

班级公示栏主要展示班级运行机制。我们班设立了5班长、6分部、7小组，11条约定、49岗位。5个值日班长、6个分部，分别管学习、纪律、体锻、文宣、卫生、事务。班级有7个小组，分别是兰花、彩虹、蜡梅、中华、斑竹、书香、梦想。每个小组一名组长，一名副组长，一名作业组长。人人自主，人人监督，每个人都是主人翁。组内协作、组间竞争，采用个人评比＋小组评比相结合的方式，每周操行评比、小组总结。每周五对班干部进行评比，当得不好的有一周考察机会。如果哪个小组连续两周都是最后一名的话，要小组合议，写出切实有效的改进措施。

班级鼓励同学们个性发展，对有特长的同学授予称号。如，张俪蓝——小荷初绽之舞蹈精灵，杨欣悦——小荷初绽之阅读精灵。激发每个队员的潜能和进取心，激励每个队员既融入集体，又保持独立。

我们还有班币，学习优异的、进步的、表现良好的，纪律有改进的、乐于帮助人的、做事有责任担当的，老师对照登记本发班币，班币可以用来参加拍卖会购买东西。

三、活动强人——健康智慧

看我们的照片墙，我们班还举行了很多活动，特别是周末的实践活动，几乎每周都有。学会处理家庭成员关系的家庭会议、"我当小导游""环保演讲比赛""自制服装模特大赛""赚钱我能行""废品大变身""温暖过新年之毛线编织""年夜饭，我也露一手""创意英语单词"、成都巷子文化调查等，培育了同学们高雅的情操、广泛的爱好。

小荷花中队，老师公平公正，同学积极进取，相互帮助，特别是几个组长，简直就如同小老师一样，对学习有困难、自律能力差的同学随时提醒，班级充满了正能量！后来转到我们班来的李金株、王曾毅、练倩好进步都非常大！

# 第三节　学生心理

学校教育不仅是传递知识和技能，还需要关注对学生的道德情操和心理品质进行综合的培养和训练，帮助塑造具备良好心理特质的健全人格，让学生在未来的学习和生活中有扎实的心理基础。在教育教学工作中，老师们在细微处关注学生的心理健康，有时候是一个微妙的眼神，有时候是一句鼓励的话语，有时候是一个简单的动作，这些都给学生于无形中进行了心理健康教育。

案例5-9

## 点燃希望的火苗，照亮前进的道路
### 蓝　婷

在教学过程中，我发现一个现象：有的学生是年级、全校老师公认的"头疼"学生，只要上到这个"头疼"学生所在班的课，老师就会连天抱怨。"头疼"学生确实在自身方面存在让各科老师特别头疼的一些毛病，但很多时候，"先入为主"的思想给该学生已经定好位，老师对该学生的缺点也无比放大，常常会忽视其优点。长此以来，学生也默认自己的行为毛病，认为："反正我是有问题的学生，不受大家喜爱的学生，怎么做都无所谓了。"于是便出现了"破罐子破摔"的现象，以自暴自弃的态度对待学校教育，最终走上歧途。

由于上级对学生的学业成绩有要求，很多老师比较重视学生学习方面出现的种种问题。其实很多学生，抛开学习方面，都有他惊人的闪光点。我们是教师，要善于做学生的"伯乐"，从各个角度去发现学生的优点，点燃学生希望的火苗，让学生找到不一样的自信，成为他们终身发展前进的动力。

那怎么去发现？学会做有心人。"头疼"学生的优点存在于不经意之间，可能是你和他的简短对话，也可能是他的一个细微动作……都等你去发现。我教的七年级有个小男生，平时上课调皮，但自尊心极强，每次批评他的时候他都要对老师狡辩，甚至做出不屑一顾的表情，我很疑惑我应该用怎样的教育方式去和他沟通，这让我感到特别头疼。有一次运动会上，我看他拿着一个悠悠球熟练地做着很复杂的动作，这让我赞不绝口。我把他叫到跟前说："哇！你玩得太棒了，可以成为网络红人了。你同意我把你的玩球技巧录下来然后传到网上吗？"他一开始表现出害羞的表情，但最后胆怯地回答我："呃……可以！但是等我把动作完整练下来再拍。"等他把动作练熟后，我就拿起手机给他录起来。小男生在镜头前面没有刚刚的胆怯，把悠悠球耍得很溜，仿佛赋予悠悠球生命，他好像突然变成另外一个人一样，变得特别自信、认真。等他耍完我将视频传到网上，并得到了很多点赞。我告诉他后，他感到很兴奋。从那以后，在中午吃完饭的空闲时间，他都主动来找我："蓝老师，今天我又学到了新的动作，要录吗？"我肯定地回答他："当然录了！"于是他开始精彩表演，并赢来了办公室所有老师和学生的掌声，他腼腆地笑了。后来我慢慢发现，他在课堂表现有所改变，变得会主动举手发言，发言的时候就像他玩悠悠球那样的自信满满，纪律表现也变得越来越好，我感到特别欣慰。

他们身上有很多毛病，但他们在内心也希望获得成功，也希望得到别人的肯定，但那些伴随着他们的坏习惯，时常"引诱"他们的思想抛锚，不能自拔。怎么才能让他们获得成功的体验？就是让他（她）发现那个美好的自己，每一个人都有优点和优秀的表现，尽管它有时稍纵即逝，但我们得承认它们确实是存在的。老师的工作就是立马将这美好的瞬间找出来，让更多人知道。我觉得，很多时候，在课堂上我是做得比较好的，我会尽可能地给人信心、给人希望，所以我看到我的学生们脸上时常挂着有安全感的微笑。

教师需要做的是点燃学生希望的火苗，让学生看到自己梦想之路。我对学生最好的教育就是永远懂得欣赏和鼓励他们，让他们有力量成为最好的自己！

案例5—10

## 好沟通，解心结
### 谭　琳

### 一、家校联系本搭建沟通桥梁

五年级下期，班级出现了这样一种倾向，很多孩子有了自己的主见，想要独立，与父母的矛盾冲突凸显。很多父母觉得孩子不乖了，主要表现为"不耐烦，说多了就唱反调，胆子大了，想要与父母对着干。"

五年级是孩子情感、情绪的突发期——防止孩子形成叛逆的个性，孩子一般在10岁左右自我意识开始崛起，他们强烈需要父母的尊重，需要父母把他们当作大孩子。但很多父母不了解孩子这一心理，仍把孩子当小孩子看待，因此这一时期的孩子，常常因为得不到父母的尊重和理解，而故意与父母作对。父母不要认为孩子故意与自己作对，只是单纯的不听话行为，其实背后隐藏着孩子渴望大人理解、渴望尊重的深层原因。自我意识正处在形成期，他们对事物有了自己的观点和看法，并且总是固执地认为：自己才是对的。但由于生活和社会经验不足，孩子的观点和看法往往是不全面的，或是错误的，因此，理想与现实的差距也会让孩子的情绪、情况写在家校联系本上，家长反映孩子在家的一些情况，如完成作业的时间、学习主动性、学习的专注度、是否主动帮家长分担家务、家庭锻炼、体谅父母，特别要反映孩子是否有其他问题，如沉迷游戏，背着父母偷偷约同学玩，等等。

我每天批阅家校联系本，一般的打五星，有进步的都要单独写批语表扬（不管是学习方面、行为习惯方面，还是为人处世方面），有问题的也会单独写批语提出来。逐渐，家长习惯了在家校联系本上交流。如狄狄的奶奶写道：最近我们狄狄是不是上课没有认真，我发现他的听写默写都下降了？这几次听写都错得多？仁仁的爸爸写道：仁仁最近上课听课专注度如何？还有没有走神？上次家长会后我们父子好好聊了聊，也给他讲了上课该如何听讲，这几天有没有一定的改善？对于家长的问题，我都会如实回复。并且将家长提出的关于数学、英语学习的问题向课任老师转达。

二、师生谈心解学生心结

（一）妈妈催我，我很烦

毅毅妈妈在家校联系本上写着：毅这几天很不正常。一下课，我把毅毅请到五楼走廊的小菜园外，悄悄问他：妈妈说你这几天很不正常？能告诉我怎么了吗？孩子一下子红了脸说："和妈妈吵架了。""吵什么？""我说了我会安排自己的学习，她还一个劲儿地催催催，吼吼吼，烦死了！""哦，就为这个事儿啊！""嗯。""你觉得妈妈烦，妈妈觉得你呢？""拖延！"

"能安排自己的事情，是好事啊！""妈妈也是为你着急，如果你能把自己的安排先给妈妈说一说，让她心里有个底，她一定会耐心一点，你做作业也快一点，这样，你俩的矛盾不就解决了吗？你看，现在弄得你和妈妈都不开心。""你能体谅妈妈的着急吗？""能！""行，那我也会转告妈妈，让她也站在你的角度，多一些耐心！希望妈妈能为你可以独立安排自己的学习而骄傲！"

后来，我又向毅毅的妈妈说了我们聊天的事，妈妈也不好意思地笑了。过了几天，我看见妈妈在家校联系本上写着：周末家庭作业总体来说完成得还不错，比以前要进步些，主要是速度快了些。通过上周开会，孩子比以前要听话些，有事情要沟通了，关系改善了，没有以前那么爱发脾气了。但是在家里还是有点贪玩。

（二）老师偏见，我很恼

一天，鑫鑫妈妈告诉我，有一天放学后，孩子情绪很低落，头一直埋着，闷闷不乐，见了爷爷也不打招呼，一个人走前面一个劲儿往家冲，不像以前有说有笑，讲学校的事情。后来一问，才知道是上乒乓球兴趣班没选上去打比赛。"凭什么吗？我比很多同学都打得好！老师选了打不过我的，为啥不选我？""肯定是我上课调皮，老师有偏见！"说着，又哭又闹，谁都劝不住。他非常喜欢乒乓球，也打得很好，曾以乒乓球打得好为骄傲，这下没选上，打击大得很！

第二天一下课，我又找鑫鑫聊天了。先问了谁教他打乒乓球？一般什么时候打？聊着，转移到这个话题上，听说没选进比赛队，你很郁闷啊！"嗯！""怎么想的呢？""翟老师可能看我调皮，不选我，要选稳重的！""你比谁打得好？""我比琪琪打得好，我比四年级的打得好。"

"比易易呢？""有时候打得过，有时候打不过。""意思是你俩水平……""嗯，差不多吧！"

"比赛时女生对决女生，五年级对决五年级，四年级对决四年级，所以你比何思琪打得好，老师选了琪琪是正常的。老师选了四年级的也是正常的。至于你和易易，你觉得差不多，也可能易易比你打得好点。""你看，你经常调皮，我有没有做出不公正的决定？没因为你调皮不给你上台机会啊，也没因为你调皮就不选你当班干部呀，我想任何一个老师都应该是公平公正的。为什么没选你，你心里有个坎过不去，你也可以有礼貌地向翟老师提出来，请他再给你机会，考察你，最重要的不是揣度别人，而是用实力证明自己。""老师，我明白了！"

在《某某，我理解你的心意》这篇作文中，孩子就写了这件事，他明白了，老师不会因为个人原因做出不公正的决定，在每个老师心里，所有的孩子都是一样的，在竞争中，靠的是实力，而不是情感。

（三）不让游戏，我很躁

琪琪妈妈在微信里用了长长的几段语音，说琪琪最近迷恋上了玩手机游戏，周末在家老上厕所，一待就是半小时。后来，家长发现孩子假装上厕所，实际在玩游戏，趁爷爷奶奶不注意，拿了爷爷奶奶的手机，把游戏下载到文件夹里，大人一般难以发现。家长收了手机，批评，孩子嘴巴里碎碎念，表面很服从，但心里就是对家长不满意。

"琪琪，听说你前段时间在玩手机游戏啊？""嗯！""这段时间还玩吗？""没玩了。""哦，妈妈把手机收起来了？""嗯。""手机游戏有意思吗？""意思，嗯，没意思，但就是管不住自己。""想毁掉一个孩子，就给他一部手机，听过这句话吗？""听过。""你想自己毁灭自己啊？""你看，你在班上一直担任班干部，工作也是尽职尽责，可每学期评选优秀班干部时，没有几个同学选你，为什么？"孩子脸红红的："因为我好玩，没有起到榜样作用，有时候起了坏的作用。""是呀，那能不能这样，你就给自己定个目标，一定要在半期班干部评选的时候跻身优秀班干部行列。""如果你觉得很难，难以克制自己的好玩心。我给你讲讲我的故事。暑假，我听别人说《延禧攻略》很好看，我就在手机上看起来，看了两集，我想去做饭，可第三集又开始了，我又继续看起来，第三集看完，我对自己说，不能再看，该做饭了，可第四集又开始了，连做饭的时间都耽误了，每一集结束时都有个悬念，让人忍不住又看下一集，就这样，我耽误了做饭，耽误了照看孩子，晚上孩子睡着了，我又打开手机看起来，一直到晚上12点多。就这样过了三四天，我看到了20多集，人都看得昏昏沉沉了，吃饭时间错过了，睡觉也没规律了。我下定决心，再也不看了，就关了手机，从此以后，我再也没有打开过那个网页。看了，也就不挂念了。""嗯嗯嗯，我也是，这几天，我也不想了！""那就好！起好榜样作用，到时候我投你的票哈！"

三、家庭会议解决亲子矛盾

家长会上，我剖析了五年级下期孩子容易出现的问题以及心理特征，并以班级发生的事为例子向家长说明了家校沟通，合力促进孩子解决问题的方法。周末，我布置了一项家庭作业，就是开一次家庭会议，所有家庭成员停下手上的工作，找个专门的时间，专门的地方，坐下来，平等地开圆桌会议。会议的主题是每个人都要进步，对每个家庭成员进行评议，提出一个优点和一个缺点，如果对某个成员提出了不同的缺点，那要从所有缺点中选出一个最大的，家庭达成一致意见，形成改进措施，改进时间是一周期限，验收人这周之内进行监督、验收，如果这周内缺点有所改进，就验收合格。如果没有改善，需要再次开家庭会议，由该成员反思原因，重新设定改进措施，再次验收。

一周之后，家长在家校联系本上写着："家庭会议记录：爸，在整理家务上有所改善。妈，唠叨上有所改善。宝贝，在做事情上勤快了很多，会主动做些小事，作业拖拉的毛病在本周改善了很多，但是在有些小事上还是站在自己的立场上思考问题，有点小自私。后期，我们家庭还是遵守这样的自我反省，相互提醒来改变自己的缺点。——宇妈妈"

"家庭会议后效果明显，大人也尽量去改正自己的缺点，孩子也有进步，希望我们都做到更好！周末作业完成较好，能自觉地改错，主动看书！——张子豪爸爸"

"平时放学后能很快开始写作业并快速完成，这点比以前好了很多。但是周末有点浪费时间，老是要催促，这点改善不大。此外，对父母的态度好了很多，不会动不动就发脾气了。——蓝妈妈"

我认真读了家长的反馈，也有个别家长说改善不大，还有一个家长说这周末玩得作业都不知道做了。我再次对家长进行了友情提示：开家庭会议不是为了完成老师布置的作业，也不是交会议记录单老师看看就完事了，而是换种方式帮助家长教育孩子，让孩子认识到自己的问题并思考怎么改进，所以请家长一定要重视，要时不时地提起。如，孩子又出现拖拉的问题时，家长要提醒，"开家庭会议时你说你要改正拖拉问题，你要说到做到哦！"最好每天对要改进的这个方面进行点评，看看是不是按照约定的要求在做，一周结束，再次开总结会，反馈每个成员的缺点改正情况，还可以设置奖励，进行后续跟进工作。如果本周验收合格了，那继续讨论下一个缺点，没有验收合格，该成员要进行自我反省，重新设定改进措施，重新验收。教育孩子是一个长期的过程，需要大量耐心细致的工作，家长如果有心，一定可以把这些办法用得巧，孩子越来越进步，家长越来越省心。

首先，良好的沟通建立在真诚、公平和一贯的基础上，即不管对孩子，还是对家长，一定要真诚，出发点不是为了快速便捷地解决问题，而是真正为孩子的长远发展着想，教他六年，想他一辈子。对待所有孩子，一定要有一颗公正公平的心，一碗水端平，这样的教育才能让孩子心悦诚服。其次，执行的标准要一以贯之，不能朝令夕改，老师都是不坚持的人，怎么能培养出具有坚持精神的孩子呢？

案例5-11

## 点燃学生的自信
万群英

一、基本情况

任泽宜是我班的一个男孩子，他性格内向、孤僻，平时不愿意跟同学们交往。上课时学习不主动，作业拖沓。不会和同学、老师交流，控制情绪的能力很差，经常和同学因为小事发生冲突。不能受到老师的批评和同学的嘲笑，心理承受能力极差。在班里是一个学习困难，缺乏自信的孩子。如何帮助他增强自信心，走出这个阴影呢？

二、案例分析

（一）个人因素

通过走访家长和一段时间的观察，我发现他性格内向，在同学和老师面前从来没有笑脸，和同学相处十分敏感，经常和同学因为误会而发生打架等冲突。学习习惯不好，上课听讲不太认真，容易走神，老师布置的课外作业也不能及时、认真地完成。长此以往，学习成绩便越来越不理想，每一次考试都很紧张，考试成绩一次比一次差，经历的挫折多了，失败也就多了，便产生了严重的自卑感，过重的心理负担使他不能正确评价自己，一直怀疑自己的能力，看不到自己的优点。即使在成功面前也很难体验到成功的喜悦，从而陷入失败的恶性循环之中，这严重影响他的身心健康发展。

（二）家庭因素

任泽宜同学小时候父母都在成都打工，他随爷爷奶奶在老家生活。作为留守儿童，与父母的交流很少；加上长期和爷爷奶奶生活在一起，长辈对其很娇惯，养成了性格固执，以自我为中心，独立性差等坏习惯。等到上小学，才被父母接到成都学习、生活。由于父母看不惯他从小被娇惯形成的坏习惯，加上父母文化水平不高，对他的学习和习惯不能有力地指导，孩子过重的压力在未能达到父母期望时，形成自卑心理，从而怀疑自己、否定自己，不安、孤独、离群等情感障碍也会随之而来。

（三）教师因素

在学校里，多数老师对全班同学都会有统一的要求和规定。任泽宜往往不能达到老师的基本要求。由于部分老师对他的情况不够了解，关注不多，就容易造成对他的评价偏低。一旦如此，一段时间之后，他便逐渐产生失落感，在老师那儿他们得不到适时的表扬和赞美，又受到同学们的奚落和家长的不满。长此以往，便否定了自己的一些行为和想法，慢慢不相信自己的能力与水平，也越来越不自信，此时自卑感就慢慢占了上风。

三、辅导策略

自信的缺失对学生的身心健康、生活、学习都有损害，那么究竟该如何引导学生增强自信，正确地评价自己呢？

（一）激励教育，唤起信心

教育学理论告诉我们，每个学生都是有进步要求的，都希望别人认为自己是一个好学生。我也认为只要孩子智力正常，没有教不好的。为了消除任泽宜同学的畏惧心理，我在课余时间经常打着让他帮我按摩的幌子，有意无意地找他闲聊，和他谈心，拉近师生之间的距离。我还经常让他帮我抱作业本、发作业本，上课时从不公开点名批评他，发现他有所进步及时表扬，在上课时经常用眼神来鼓励他，还经常对同学说："看，任泽宜同学今天坐得真端正，听课非常认真！""任泽宜同学回答问题声音大了，能让我们听得清楚。""任泽宜同学上课开始举手发言了。""任泽宜同学很会讲故事""任泽宜同学……"渐渐地，任泽宜开始喜欢和我接近了。一次，我进行课堂巡视时，他冲我笑了。

（二）家校沟通，促进自信

任泽宜自信心缺失，很大一部分原因在于家庭的教育环境与方式。因此，我经常与家长联系，详细地分析了任泽宜在校的表现及其各种原因，共同商量解决孩子不良心理状况的办法，建议家长选择适当的教育方式，要为孩子提供表现自己的机会。让孩子在家做力所能及的事，不管干什么，都要从中发现进步的地方，并马上夸奖他的闪光点，把家中得到的夸奖讲给老师和同学，把在学校得到的表扬告诉父母。在评价中，任泽宜从他人的肯定中得到了满足，增强了自信。

### （三）教师爱护，同学友爱

其实，学生的心灵是最敏感的，他们能够通过老师对自己的态度来判断老师是否真心爱自己。同时，他们也渴望老师能够时时刻刻关心爱护自己。有些老师走进了"爱"的误区，对"爱学生"的认识表面化，以为不讽刺、不挖苦、不歧视、不体罚就是关心爱护，以为嘘寒问暖为学生提供物质帮助就是关心爱护，以为关注学生的学习状况、考试分数就是关心爱护。殊不知，真正的关心爱护，不仅是生活上"扶贫"，学习上"扶智"，更应该是精神上"扶志"，品行上"扶德"，心理上"扶健"。尊重就是一种爱，真正的爱不能没有尊重。很难想象，一个无视学生人格、漠视学生尊严的教师，会是一个热爱学生的教师。一个善于爱的教师，他一定懂得尊重学生的自尊心，像保护自己的眼睛一样保护学生的尊严，因为"只有教师关心学生的人的尊严感，才能使学生通过学习而受到教育"。反之，伤害了学生的自尊心，就会阻碍学生的进步和发展，甚至毁掉他们的前途。一个善于爱的教师，他一定懂得尊重学生的个性。

### （四）情感关怀，互相沟通

教育是一项伟大的育人工程。人是具有情感的，所以情感关怀在教育中处于相当重要的位置。学生的过分冷漠实际上是一种精神情感的失调，教师给予较多的情感关怀，可以收到明显的调节治疗效果。

**1. 多一些理解沟通的谈话**

抽一点儿时间，以平等的姿态，多跟学生谈谈心，能知道学生的心里正在想些什么，能知道他们最担心的是什么。不要盛气凌人地训斥学生，多表示一些理解，适当地给一些点拨，学生心头的那点儿郁结往往就化解了。

**2. 多一些一视同仁的关心**

这些有心理困境的学生，大多非常敏感，自尊心极强，性格内向。如果教师在对学生的态度上厚此薄彼，对他们有些冷淡，他们就会感到强烈的不满。所以教师必须真正了解每一个学生，对每一个学生都要做到一视同仁，尤其对心理素质欠佳、单亲家庭的学生，不妨格外表示自己的好感和热情，这并不是虚伪，这是调控学生心态的需要。

3. 多一些宽厚真诚的爱心

心灵过分脆弱、缺少爱的学生大多有点偏执，脾气或许有点"怪"，教师千万不能因此而嫌弃他们，也不能硬要他们立即把怪脾气改掉。青少年有点儿孩子气是正常的，每个人的个性千差万别也是正常的。教师如果能以一颗宽厚真诚的爱心去教育他们，必能带领他们走出暂时的心灵阴影，而步入人生灿烂的阳光地带。

四、辅导效果

通过师生、家长的共同努力，任泽宜现在有了很大的变化，他的学习成绩在逐渐提高，上课能专心听讲，敢于举手发言且声音响亮，下课能主动与同学交往、做游戏，愿意参加各种活动，与班级、同学融为一体。家长也反映他在家学习主动，喜欢把班级的事讲给父母听，主动帮家长做些家务。

五、案例反思

学生，尤其是小学生缺乏自信，会产生自卑，不管自己有再多的不好之处，都不应该对自己失去信心，相信自己：我能行。只要对自己一直充满信心，就不会自卑。对于那些自信心不足的学生，我们要及时给予更多的关爱，让他们感到："我能行！""我是最棒的！"

面对任泽宜的改变，让我更加认识到激励的作用、集体的力量。因而，针对类似任泽宜这样的学生，教师首先要接受他、亲近他。其次要循循善诱，多关注孩子的优点和进步，用放大镜看孩子的优点，使之一步步敞开自己的心扉，正确评价自己，将自己融入集体中去，感受到大家给他的善意，通过多元化的评价、各项活动的参与，使其自信自强。

案例5-12

## 特别的爱给特别的你

刘　萍

案例描述：

丽是一个特殊的孩子，特殊得让人心疼。

她的爸爸主动把入学前的某些测试结果给我看过，希望我能特别关注一下她。这个年龄六岁、智力相当于三岁的学生，我该怎么办呢？

四年级的时候，她突然癫痫病频发，病情很严重，不得不靠吃激素药控制病情，导致她在那一年飞快长胖，整个乖巧的面孔变得不再可爱。她这个年龄知道爱美了，内心总认为同学们会在背后笑话她胖得丑，不愿意到学校来上课。她也变得爱睡觉了，进教室就趴在座位上呼呼大睡，根本不参加学校的任何活动。

六年级上学期，她的健康状况好转了，癫痫病得到了控制，体重也恢复正常。可是，她已经在班集体里找不到能够对话的同学了，就连曾经带着她玩耍的那几个女孩子因为要学习，也没有时间理睬她了。此外，女孩子们说没办法和她一起耍，她玩的内容太幼稚了。形单影只就是她当时的写照。

解决措施：

在和这个不一般的孩子的几年相处中，我摸索出一套特殊的"爱"。

爱她，就接纳她吧。

上课的时候，我要求她和大家一样坐端正，一样用小手指读课文，一样不准搞东西。她看起来很喜欢我的课堂，总是坐得很端正，因而每一节课都会得到我的表扬。她对接她的奶奶说："我喜欢老师。"

爱她，就严格要求她吧。

　　她也有调皮的时候，该宽容吗？我尝试过，结果她竟会变本加厉，更加没有规矩。这样的小朋友也是有心机的哦。无原则的宽容就是纵容，那是变相教会她不懂规矩。我要她懂得在哪里都得遵守规则，严格要求也是爱。

　　一天，她故意在课堂上发出"嗯嗯嗯"的声音，几声之后被我制止，也不过是好言相劝："不能影响同学们上课了。乖，老师和同学们都喜欢你。"几分钟后那个声音又开始了，肆无忌惮的，还比较大声，是不想不被发现的样子。我有些生气了，学生们议论纷纷，七嘴八舌地向我告状——丽在别的老师的课上会下座位，会突然大声说话，还会打开门跑出去。原来，她不是真不可教，是选择性被教。我严厉地告诉她，我不喜欢这样的她。下课后，我不问原因，直接对她说了几个上别的老师课不能做的事，说一条就让她把这一条复述给我听。她很怕我生气，跟着我的引导一点一点把上课的纪律说出来。以后的几天，丽果然安静了，教室里没有了莫名其妙的声音，她在下课后还是那么快乐，没有因此受到影响。

　　爱她，更要体谅她的父母。

　　丽的爸爸妈妈是一对年轻的夫妻，不像别的家长那样活跃。这个年龄的人都是上有老下有小，生活的压力确实很大。他们有两个孩子需要抚养，其中一个还是特殊孩子，比别人更操心些。

　　每次开家长会，他俩总要来一个人，从来没有缺席过，这是我非常震惊的事情。只是他们来了以后就默默地坐在女儿的座位上，很难得参与讨论，一直静静地坐到最后才离开。有时，等别的家长都不和我交流的空当，她的家长才会走过来说一通感谢老师的话。

　　我理解他们的苦衷，不愿意在人前让别人说他们的孩子有些与众不同，我尽可能不在别的家长面前理睬他们，只有在电话里或者单独碰面的时候说一说孩子的教育问题。在几年的教育中，我始终感激这对夫妻对我工作的支持。

案例反思：

对于像丽这样的孩子，我们不应当特殊，也必须特殊。不特殊是要把他们和大家一视同仁，所有的教育活动都要参与而不必在乎他们受教育的结果。必须特殊是我们要在生活、情感上特别关照，给予更多的爱，用爱来浸润他们，帮扶他们成长为一个适合社会生活的人。

面对这些特别的学生，我们只有付出特别的爱，才会"无心插柳柳成荫"。

# 第六章　品牌行动篇：校家社企协同育人

## 第一节　校家社企四维联动

近年来，随着教育多元化的需求增长，我们已经意识到，单单依靠学校教育远远不能满足学生的发展需要，校家社企共育成为教育探讨的热门话题。为推动"立德树人"的根本任务，丰富学校教育资源，学校通过三个阶段的探索和实践，对校家社企多方育人力量进行统整，着力构建校家社企共育"一体化"机制，形成了"四维一体"的协作育人工作格局，充分挖掘各方教育资源，打造学校特色德育品牌，切实达到培养德智体美劳全面发展的新时代学生的教育目标。

### 一、统整力量，合力共创明方向

历经十年的自主探索，新源学校在合力育人方面走过了三阶段：

第一阶段（2008—2012年）：依托学校教育，推动"家校育人"。

这一阶段，基于不少家长存在的"把孩子交给学校"的认知偏差，学校着力拓展学校的教育功能，主动链接家庭，加强日常的事务性联系，着力打通学校与家庭的通道，改变家长的传统认知，提升家长的育人水平。

第二阶段（2013—2018年）：聚焦核心目标，推行"协同育人"。

这一阶段，学校充分考虑学生及家长需求，开门办学，通过家长开放日、新源志愿者、食堂管理委员会、指标到校生监督小组等，针对性地让家长参与到学校教育管理中来，助力学校职能发挥和办学品质提升，着力提高学校办学的公信度；同时，学校还搭建平台，建立并优化三级家委管理模式，成立家长学校实践基地并形成了分段家长进阶课程，以服务社区的使命介入对家庭教育理念优化的工作之中，系统地提升家长的教育胜任力。在这一阶段中，学校启动了与周边四个社区的共建，聚焦核心目标，更关注"赋能"带给个体的发展性与可能性，开展了系列分学段的"大手牵小手、小手拉大手，我们一起走"的公益课程和服务课程。这一阶段为统整家校社企育人力量打下了较为扎实的基础。

第三阶段（2019—）：创新育人合力，推进"区域未来化育人"。

这一阶段，学校跳出"家校社企机制"附属于学校管理机制创新的思维窠臼，把思维视角提升到新时代、多要素变迁的大时代背景下，基于区域发展现状和趋势的"人的培养模式转变"的高度上，为"家校社企有机合作构建""区域未来化的育人模式构建"贡献智慧和力量，助力培育现在和未来高新发展的高质量人才和建设者。2019年6月，成都高新区社区发展治理和社会事业局印发了《成都高新区社区教育家校共育融合发展，共建共治共享工作实施方案》，从探索社区教育 I+ 模式，创建全国社区教育试验区，建设社区教育工作基地，推动学校教育、社区教育融入社区治理等多方面入手，优化政府主导，部门协同，多方参与，共建共治的工作机制，构建从"摇篮曲"到"夕阳红"全覆盖的优质均衡、吸纳全民的社区教育长效机制和终身学习服务体系。政府文件的出台，区、街道、社区三级社区教育网络体系的建立，教育联席机制的开展，解决了很多教育的相关问题。例如，学校通过多部门联动，切实解决了周边安全卫生网络环境治理、社区教育工作站和学习体验基地的配套使用、学校操场及外围形象提升工程、特教学生困难家庭的帮扶工作等。

## 二、统整力量，合力共育显实效

### （一）建立联盟，明晰合力育人目标

我校依据政府的相关政策与文件，利用社区、企业力量，赢得家校社企专项经费的支持，建立了以家校社企四方为主体的合力共育联盟——新园、新街、新南、三元四大社区党委委员、项目负责人与学校党总支委员一起定期研讨、分项落实，确保联盟联动、同向合力。同时，我们还明晰育人目标，以北师大发布的21世纪 5C 核心素养为指导，致力于学生认知能力、合作能力、创新能力、职业能力四大核心能力的发展；以家长的教育理念和指导教育子女的方法为重点，分学段、多形式对家长的心理素质、思想品德素质、文化素质以及能力素质进行提升，让家长会关心、会示范、会沟通、会共建。

### （二）拓展资源，多维探索育人课堂

1. 拓展城市资源：开展最成都·行走课堂

我们通过寻根之旅、承志之旅、成长之旅，把成都的博物馆、纪念馆、自然文化遗产进行分类整合，充分开掘教育资源，让社会主义核心价值观、天府文化落实在行走课程当中，让以爱国主义为核心的民族精神和以改革创新为核心的时代精神成为孩子们成长的芯片，实现中国精神薪火相传。

2. 拓展社区资源：开展最企业·职业课堂

学校联同周边新园、新街、新南、三元四个社区开展"新"少年家校社企共育课程、公益服务社会实践课程。学校和社区党委多次讨论、筛选目标企业和实践基地后形成课程方向：三和集团走进老爷车博物馆，开展车文化、资源环境保护、科学技术与交通方式的变革课程；索贝公司开展现代媒体、信息处理及应用课程；元祖食品，开展劳动教育、饮食文化与中国传统节气文化课程；四川边防总队开展国家安全、国防知识课程；社区志愿服务课程，在实践活动中增强学生社会责任感；社区环境保护公益活动，培养学生"循

环经济""绿色生活"等环保意识；社区敬老爱老、爱心集市等公益服务活动，增强学生亲社会行为。2021年，学校与周边四个社区联动开展了丰富多彩的企业活动，如"新"少年家校社企共育计划、"新园社区儿童友好安全学苑开馆仪式""走进三和老爷车博物馆""慈善义卖""为老党员送温暖""走进高新区消防队""庆祝中国共产党成立100周年文艺演出""红领巾心向党线上演讲比赛"等。在课程实施过程中，学生多角色参与，既是体验者，也是志愿服务者，闪现出眼中有光、脑有智慧、脸有微笑、心有善念、脚下有路。

3. 拓展家长资源：开展家长·百家课堂

学校以党员家委、家长带头，推进实施"最家长·百家课堂"。根据家长们的知识储备和工作资源，一起研讨设计，确立了人文、生活、自然、安全、健康、科技、公益、环保、创意、手工等十余种类型的课程，让从事各行各业的家长们，走进孩子的课堂，利用自己的职业优势、爱好特长为学生带来别样的活动体验课。家长们说，通过这样的活动让他们了解了学校教育的全过程，拓展了学生的课程内容，同时还促进了他们作为一名党员、一名追梦人在服务他人、奉献社会上的一些新思考，促使自己努力提升自身素质，增强履行责任的能力。同学们说，这是他们感知书本之外领域的一个重要窗口，甚至因为某位家长的出色表现，而喜欢上某种职业，在心中埋下理想的种子。在百家课堂实施的过程中，我们还收获了意外的惊喜：七年级有位同学的爸爸是一名摄影师。他到校担任活动拍摄，讲解摄影技术。在视频制作时，这名同学发现了不一样的爸爸——敬业、乐业、专业……本来紧张的亲子关系变成了"爸爸是我的偶像"。

"最成都·行走课堂""最企业·职业课堂""最家长·百家课堂"等创新形式，拓宽了教育的场景，延展了学习的时间和空间，让场馆企业成为教室，让各行各业的专业人士和家长成为教师，让师生和家长成为参与者、传承者和创造者，让学生对国家有认同、对文化有底气、对发展有信心，进而与时代同进步，与祖国共成长。

（三）双线联运，有序开展育人活动

在合力共育过程中，我们通过身边的榜样（本校家长）、学校班主任工作坊党员班主任、学校党员干部、市区专家、国内知名专家，将虚拟家长社群、企业微信互动平台、微信公众号、问卷星、直播大讲堂等线上平台与亲子相互陪伴活动、与校长相约下午茶、家庭训练营等线下活动相结合，让序列性家长指导活动在线上线下联动实施。我们欣喜地发现，在丰富活动形式、提升实施效能、深化多主体责任意识和社会意识的同时，还让更多的力量加入进来，成为学校管理的智囊团，成为学校形象的推广者和学校教育的合作者。

暑假中，学校党总支书记带领党员教师走进社区，走进幼儿园，耐心解答家长关于幼小衔接的困惑，悉心指导家长如何办理入学手续，将关心和温暖送到群众身边。而"双减"政策落地后，德育和教学党员干部周末深入社区，和家长们开展"双减下，我们如何做家长"的沙龙活动，解决不同阶段家长面对新政下的困惑。针对家长在亲子关系和家庭教育中的困惑，学校开展了丰富多样的家校互动活动，如，"迈开成长的脚步，快速适应新角色""巧用心理游戏，助力学生自主学习习惯养成""爱的正确表达""孩子自信心的培养""解决厌学困惑，激发学习潜力——提高学习能力""青春期的特点及引导""如何帮孩子戒除'网瘾'""养成良好的学习生活习惯""健康知识与健康行为""家庭教育中的有效沟通""创造卓越父母——培养孩子高效能学习""智慧面对中考，家长如何自我调整，轻松助力"等系列亲子心理团辅活动、家长导航课程，让各阶段的家长不迷茫，用爱与智慧陪伴孩子成长。

（四）信使家访，打通育人最后一公里

信使家访是我校送给家社的一份特别礼，是由党总支书记负责、行政带头、全员参与的分类专题大型追踪家访活动，也是学校的固定家访项目。新源学校的家访包括了新生家访、常规家访、线上交流、突发事件或重大事件校社联同特别访、社区走访，尤其是以每年4~5月的班主任节为契机，在学期中开展信使家访。在连续五年的家访实践中，新源学校的党员教师发挥了先锋模范作用，切实关注弱势群体，为特教学生送教上门；密切家校联系，宣传新源教育成果和多元化的教育举措；聚集家庭教育"需求侧"变化，帮助学生和家长找到最优发展点，实现家庭教育与学校教育无缝对接；关心每一个家庭，及时全面了解学生的家庭情况和成长环境，对有困难的重点关注、悉心指导，并与家长共同制订个性化的共育方案，持续指导和帮助，打通育人最后一公里。系列家访活动的开展，不仅拉近师生距离，密切了家校社的联系，为学生家庭送去关怀和帮助，更能凝聚家庭、社会的积极力量，共同促进学生的健康成长。

### 三、统整力量，合力共生向未来

政府＋社会、学校＋企业、党员＋群众、线上＋线下……在"党员带头，学校为主，社区、企业、家庭共参与"的工作机制推动下，新源学校家校社企共育的广度和深度在不断延展，家校社企的通道已初步打通，并取得了不俗的成绩。但作为一所社区配套学校，新源学校在合力共建中，在家庭教育观念的转变、教师素养的提升、班主任全科素养的培养等方面面临着更多的挑战。

未来，我们将以跨学科、跨学段的混合式教研来促进教师全科素养的培育，以星级家长执照的培养模式让家长持证上岗、从合法家长变成合格家长，让家长和教师由松散型走向紧密型、由被动走向主动，让家校社企各方主体由块及面形成更大合力，进而形成家校社企最优的共育模式、理想的策略、良好的互动边界，充分发挥多方合作效能。

总之，家校社企只有合力育人，才能让"自主"真正成为发展的内在动力，才能拥有持续生长的生命力，才能满足当下、面向未来！

案例6-1

## 家校共育向未来

### 成都高新新源学校 修梦琪

尊敬的领导、专家，亲爱的老师们：

大家好！

感谢给我这个机会，站在这里和大家分享我从教6年来的有关家校合作的个人经验。我很忐忑，我粗浅的做法还不能成为经验，权当抛砖引玉，恳请大家批评指正。今天我讲座的主题是：家校共育——从独角戏走向共舞。

新政策背景下，家庭教育的地位越发重要。如果家庭教育给力，学校教育就会事半功倍。作为教师，作为班主任，如何与家长同心协力，做好家校共育，我将从以下5点进行分享。

一、有效沟通，形成合作的桥梁

苏霍姆林斯基说："教育的效果取决于学校与家庭的一致性，如果没有这种一致性，学校的教育、教学就会像纸房子一样倒塌下来。"有效家校沟通是良好关系的双向奔赴，更是提高家校共育的前提和基础。

有4点与家长沟通的小技巧：

（一）多赞美，少批评

在与家长沟通的过程中必须先扬后抑，在充分的表扬过后，再以委婉的方式反映学生的个别问题，需要切记的是表扬孩子的时候一定要真诚，无论是面部表情，还是眼神、说话的语气等，必须让学生和家长感受到教师是喜欢、认可孩子的。

（二）委婉反馈问题

在沟通的时候可以多使用"如果（要是）能怎么样，就更好了（怎么怎么好）！"这样说既能让家长接受，也能让学生接受。

（三）引导家长观念

一些家长在孩子出现问题的时候多数会大声训斥或者指责。这样做不但会激起孩子的叛逆，还会造成孩子的性格缺失，不利于我们对学生的辅导。因此，必须让家长明白：批评、训斥孩子要有度。

（四）及时反馈进步

学校教师表扬或者考试测验进步比较大的情况下，在第一时间内跟家长报喜。要让家长感受到我们的真诚，让家长明白我们是发自内心地为孩子的进步而高兴，让孩子知道只要他做得好，老师就会在他父母面前表扬他赞美他，他用他的努力换来老师的表扬、父母的奖励，更进一步地激发学生学习的兴趣和信心。

二、肯定家长，寻找教育同盟

教育不是单方努力，也不是教师的独角戏，更需要有家长这一同盟，一起完成教育使命。

我现在的班级有一个来自星星的孩子，他叫小名。他好动、容易暴躁、不善与人交往。一开始他暴躁时，我手足无措，总是不能很好地帮助到小名。我找了小名的妈妈进行沟通，了解到孩子自尊心特别强，爸爸在家里经常是批评打击式教育。于是，我在其父母的配合下帮孩子树立自信心，也增强了孩子的抗打击能力，胜不骄败不馁，现在小名是一个积极向上、充满正义感的好孩子。

孩子自身的努力决定了他能走多远，老师只是在他需要的时候给他搭把手，而家长是孩子的第一任老师，在孩子成长中起着更大的作用。所以，教师要多肯定家长的付出，引导家长配合学校教育孩子，将广大家长发展为学校教育的同盟军。家庭教育和学校教育是孩子成长过程中的两个轮子，只有方向一致才能为孩子的成长起到正向的助推作用。家校共育，我们的方式方法很多，信任、尊重和关爱却一个也不能少！

三、强化目标指引，引领家校生活

我通过提炼关键词句的方式强化目标指引，遵循学生知、情、意、行的发展规律，在德育活动中，力促学生学会自我教育。每周的第一天，我根据学校的德育安排或班级近期实际情况，总结出一个关键词——一个"美好的词"，写在黑板右侧，作为学生这一周学习和行为的行动指南。

四、布置共读作业，建立共育理念

作为语文教师，我结合学科教学，每周布置"亲子共读"作业，通过鼓励学生阅读书籍，积累语文知识，提升阅读素养；同时，在引导学生写一写或者说一说阅读感受的活动中，注重培养学生的独立思考能力，丰富学生文化知识，提高学生审美鉴赏能力。如此双管齐下，内化成学生的综合素养。

五、拓展网络空间，汇聚向上能量

如今是信息化、智能化时代，我们教师要积极借助网络载体，让师生家长分享更多的正能量。为此我制订了"四个每，三个一"的活动方案。

（一）四个每：每日、每周、每学期、每年

1. 每日知识分享

每天将学生知识的易错点发布在QQ群，家长能及时提醒学生回家复习巩固。这样，我们在指导学生学习上能互相沟通，一起引导学生学习进步。

2. 每周小表扬

我会根据本周班级情况，和家长分享班级学生的进步之处和表扬每周小达人。一来家长能及时了解到孩子每周的表现，知道他们进步之处，能让家长引以为傲，增强家长对孩子的信心，加强家长对教师对学校的信任。二来激励其他学生家长，向优秀学生学习，形成良好的学习共同体。

3. 每学期一封信

每学期一开始，我会给家长发一封信，一来家长知道新学期需要做的准备工作，二来能明白我的教学安排与培养方向，能与我携手，共助学生成长。在每学期的期末，我会以一段话总结本学期的得与失，只有在不断地反省中才能更好地带好班集体，也能带领家长反思。就以去年我重新接手新一年级来说，给家长的一封信上写着：我的教育理念与教育方法、学生一年级需要养成的学习和生活上的习惯，还表达了我对孩子们的爱。让家长知道我们老师真心爱他的孩子，努力教育他的孩子。这样一年级的家长不会焦虑担心，不单单是信上说的让家长安心、放心，更应该在行动上去实施。

4. 每年借物传意

每一学年结束，我都会为学生准备小礼物，小礼物都包含着我对他们的期望。有亲自做的胸针和发绳，有定制的书签，有准备的各种口味的零食，有向日葵花种，有幸运钥匙扣……虽然礼物不值钱，但是饱含着我对他们殷切的希望。

家长们看到我为孩子们准备的礼物，也纷纷表示感谢。有家长发 QQ 和我说到，孩子特别珍视我送的礼物，尤其看到书签上的名言，主动问名言的意思，说一定严记老师的话。感谢我的用心，老师对学生如此，家长更应该和老师站在一起，教育好学生。

（二）三个一：一次活动、一次共读、一次分享

1. 一次活动

我每学期都会举办班级小活动，故事表演、小小朗读者、科学小制作等，在锻炼学生表达能力、交流能力、动手能力的同时，也是促进亲子关系的好机会。每次活动发布群里，家长们带着孩子排练，陪孩子制作等。在班级展示时，学生能自信地站在讲台上展现自我，有时家长还加入其中。活动育人，我感觉不仅如此，活动也能共情，能使独角戏成为共舞。

2. 一次共读

共读一本书，和孩子一起思考，了解孩子的世界。班级会让学生邀请家

长一学期陪他们共读一本书，读书能明智，共读能促情。家长们每次共读都会分享照片在群里，也激励全班家长陪孩子阅读，营造良好的家校共读氛围。

3. 一次分享

班级定期在群里组织家长进行分享，分享家长陪孩子阅读后的感受或者分享自己教育孩子过程中的小经验。这样家长能真正参与到学校的教育氛围中来，带动全班家长学习和成长，慢慢形成我们整个大家庭的共识。

结束语：如果说，我们的孩子是一艘船，那么教师便是划水的桨，家长是掌舵的帆，只有桨和帆共同作用，船才能驶向远方，让我们为了孩子一起努力！让"船"乘风破浪，扬帆远航！

案例6-2

## 向内扎根，初心灼灼

**成都高新新源学校　谭　琳**

2009年，我从华东师范大学毕业，记得毕业典礼时，校长亲自给几个回川的学生颁发了"西部贡献奖"，并对我们说，发挥所长，教好一批孩子，造福一方百姓。我把这个厚重的期望深深地记在了心里。

一、触　动

为了更好地赢得教育的合力，在一年半时间内，我走遍了班上42个孩子的家庭。静静，爸爸妈妈哥哥和她，一家四口租了一间房子，睡觉做饭都在逼仄的一间屋里，一张小桌，既是饭桌，也是学习桌，屋子中间吊着电灯，灯光灰黄灰黄的，我能想到，静静就是趴在这张桌子上，在昏暗的光线下，埋头完成每天的作业，而我，还在批评她的字写得歪歪扭扭。家访完毕，送出门的时候，妈妈硬要塞给我一个柚子，她不好意思地说："谭老师，你看我们这环境，就是吃了没有文化的亏，俩孩子读书，希望将来能有出息。"后来，我给静静送了一套书，一盏台灯。

班上还有一个女孩子叫江南，奶奶每次见到我都拉着我的手，扯着嗓子说："谭老师，我们家几代人没有出过大学生，我们江南，你一定要管紧点哦，我们就想她能考上个大学。"家长对于高品质教育的朴素需求深深地触动了我，我深感肩上的责任重大，我不能辜负父辈的期望，更不能辜负这40多个孩子。

二、行　动

我努力去兑现自己的初心。我说："我希望把自己的孩子交到一个什么样的老师手里，我就努力做那样的老师。"慢慢地，我对教育教学悟出了一些自己的想法。我并不只是考虑单纯的学科教学，而是善于把语文学科和班级建设融合，为学生的终身全面发展着想。教学生"堂堂正正做人，认认真真求学"。"今日事，今日毕"，培养进取的人生态度和科学的学习方法。

我善于抓住机会，塑造班级形象。如运动会入场式，整齐的列队、铿锵有力的脚步、气势磅礴的呼号，在走方队中脱颖而出，结果和过程都会给学生以鼓舞。集体唱红歌，提前设计，精心准备，严格训练，雄赳赳气昂昂的精神风貌、震撼有力的歌声及富有创意的表现等，让学生明白，我们是个团结一致的集体，是个有战斗力又充满创新精神的集体。

三、转　折

在对42个孩子的家访和教育中，最让我难忘的是一个叫金株的小伙子。三年级上期，金株转来的第一天，班级举行"汉字书写大赛"，我走到座位跟前看金株写字，像蚯蚓爬一样，细细的铅笔在一页纸上歪歪扭扭地写下了八九个词语，我像考古一样给他批改，选出了四个正确的："4分！"孩子妈妈焦虑地说："老师，不瞒你说，我们金株一二年级总共认了不到100个字。"我又翻开上学期语文书，一篇课文的字，他只能认一半，声母基本会读，有的要混淆，韵母几乎一个都不认识！

（一）艰难的第一步

那就从拼音开始吧。每天我在学校教4个拼音，回家妈妈再复习巩固，同时找出前4册教材，每天读两篇课文。第二天，妈妈打电话说孩子挺积极的，每天进步一点，好像有点儿成就感。

一周过去了，妈妈焦虑地说："孩子不想学了，说天天放学回家就学习，补了一点以前的，这学期的新功课又跟不上了。"我顿了顿，说："这学期的新功课，就读课文，做积累，读简单的课外书就行了，其他内容不学，先把以前的补起来。"

第二天，我又给金株讲了我小时候的故事：父亲住院，自己学习一塌糊涂，后来父亲出院后，一个暑假帮我补习功课，我学习成绩飞速提升。"谭老师，原来你小时候也跟我一样啊！"金株皱着的眉头舒展开了。

（二）特殊的生日会

拼音学完后，我给金株做了个小测试，94分！这个小测试，题目出得很简单，就是为了让孩子看到希望，看到自己努力后的成果。果然，当我在全班宣布金株的成绩时，金株不好意思地上台拿了那份荣耀的成绩单，踮着脚摇头晃脑地跑回了座位。妈妈看到这份成绩，那份焦虑才勉强缓和了一点。

很快到了11月，金株的生日也到了，家委会策划了一场特别的生日会，全班同学都来为他祝福生日，对他克服困难的勇气给予赞赏，他学习的劲儿更足了。期末考试，金株的语文考了61.5分，多么令人鼓舞啊！

（三）与困难作斗争

寒假到了，我与孩子妈妈商量，制作了一份个性化学习清单，针对孩子存在的基础知识弱的问题，开展个性化学习。

接下来的日子，就是无数个与困难作斗争的日子，与情绪的反复、心理的懈怠和高昂此起彼伏共振的日子。有小小的惊喜，也有微微的失望。

（四）自制服装大赛夺魁

暑假，我设计了一项有意思的作业——"自制服装大赛"，要求用家里的废旧布料、衣服等来改造成自己喜欢的服装，开学我们举行时装会。金株对这件事特别上心，可谓全家总动员，搬出读高中的姐姐帮忙，两姐弟把材料铺满地，又是设计，又是剪裁，又是缝制，最后，一件设计巧妙、颜色鲜艳、风格独特的上衣完成了，全班同学给他投了最佳设计师的票，金株激动得不知道把手放哪里。

（五）来自习作的荣耀

一次语文课，课堂小练笔，仿照《腊八粥》写一种你喜爱的食物。"瞧，我做的糖醋排骨端上桌了，我急吼吼地夹起一块，红褐色的排骨油亮亮的，白芝麻闪着银光，有一滴糖油顺着排骨慢慢坠下，一根细丝拉出来，变长，变细，变得几乎看不见，但还连着，那滴糖油在细丝的最末端，变得越来越小，最后形成了一个小小的红亮亮的水滴形状，像一颗精致的水滴宝石，我想，那是写给排骨的告别信吧！"当我把这段话念给全班听的时候，班级爆发出热烈的掌声，大家都投来美慕的目光——一个从不写作文的同学，写了短短一个学期后，竟然有如此细腻的观察和对生活的敏感，这应该是金株得到的最高奖赏吧！金株的脸儿红彤彤的，盯着自己的作业本，掩饰着内心的欢悦。

（六）插上希望的翅膀

小学的最后一节课，金株对我说："谭老师，我会变得越来越好的！"看着那个已经比我高大的孩子，结实的身体，圆嘟嘟的红润的脸，眼里闪着希望的光芒，我在心里默默祝福："希望这4年时光，成为你终身克服困难的财富。"

金株的成长鼓舞了全班同学，慢慢地，班级形成了一种核心的精神。孩子们毕业时说："无论走到哪里，我都会把三班的精神带到哪里，不认输，不怕失败，不甘于说自己不行。"

我的班主任信念在这里发生了重大的转折，从事转为了人，从任务的设计变成了精神的塑造。

## 第二节 信使家访

### 一、方略构建

为贯彻落实党中央、国务院《深化新时代教育评价改革总体方案》精神，根据《成都高新区教育文化和卫生健康局关于全面开展中小学教师家访工作的通知》的工作要求，推进教师践行教书育人使命，教师担任阳光信使，关怀学生家庭，拉近师生距离，通过家校走动，密切家校联系；以师爱为阳光，为学生家庭送去关怀和帮助；为学生送阳光、点心灯、树自信、明理想；传播新源名片，提升服务口碑。现制订成都高新新源学校第十五届班主任节教师信使家访工作方案：

（一）工作领导小组

组长：杨芳

副组长：黄雪、岳聪、杨石

组员：赖向宏、康琼仙、黄中荣、况明、卢登辉、谭琳、李丽超、廖文静、黄新月、各下段行政

（二）工作执行小组

组长：黄雪

副组长：黄中荣、李丽超

组员：学生发展部、各下段行政、各年级组长、各班主任

（三）工作参与人员

全校教师

（四）家访基本原则

1. 坚持育人为本

以有利于学生的全面发展，解决学生培养过程中的实际问题开展教师家访的策划、组织、实施工作；坚持尊重家长、尊重学生，平等对待每一个家庭、每一位学生；坚持正面鼓励、正面引导；注意沟通交流的态度、语气。杜绝"告状式"家访、"惩罚式"家访。

2. 坚持科学高效

学校对家访工作进行统一规划、统筹协调。做好学校教育教学工作与家访工作的有机结合，做好集中家访和日常家访、全面家访与重点家访的协调安排。制定规范的家访流程，形成策划、准备、访问、反思、调整、反馈的闭环设计。

3. 坚持形式多样

家访的目的是家校沟通，帮助提升育人实效。入户家访是家校沟通的重要形式，要面向全体学生，走进每一个家庭，但也要充分尊重家长意愿，在家访的时间、形式、内容等方面和家长协调一致。在家访形式上，可以采取普遍家访与重点家访结合、随机家访与定期家访结合、线上家访与线下家访结合、个别家访与分组家访组合，适时采取邀访等灵活多样的家访形式，打开思路，创新工作。

4. 坚持廉洁自律

严格落实中央八项规定精神，家访教师严格遵守《中小学教师职业道德规范》，为人师表，以身作则，阳光家访，廉洁家访，严禁借家访之名收受家长礼品、宴请，不向家长提出私人要求，不向家长推荐、推销任何收费产品和服务，严禁泄露学生及家庭隐私，通过家访工作为学校树立良好口碑，为教师树立良好形象。

（五）家访工作内容

1. 交流学生情况

走进学生家庭，全面了解学生家庭环境、生活习惯、家长期望等影响学校教育的家庭因素，向家长客观、准确反馈学生在校期间德、智、体、美、劳各方面综合发展情况。

2. 探讨教育方法

根据学生具体情况，与家长商讨协调促进学生全面发展的教育策略、途径、具体方法，对教育理念、教育方法存在明显偏差的家庭和家长开展针对性的家庭教育指导，引导学生家长加强家庭教育知识、方法、技巧等的自主学习。

3. 宣传教育政策

向家长宣传最新教育政策、教育改革等重要信息，向家长介绍学校的办学理念、办学特色、办学成绩、管理要求等，提高家长对学校工作的认识，增进家长对学校工作的理解。

4. 虚心听取意见

主动征求家长对学校、年级、班级在教育教学工作中的意见和建议，虚心接受，及时反馈，无则加勉，有则改进，办好群众满意的好学校。

（六）工作时间安排

2024年1月8日—2024年5月30日

**具体工作时间安排**

| 序号 | 时间 | 内容 | 负责人 |
|---|---|---|---|
| 1 | 1.8—1.9 | 活动方案的制订与下发 | 学生发展部 |
| 2 | 1.9—1.12 | 各年级组织解读方案并统筹各班家访学生甄选条件 | 年级组长 |
| 3 | 1.15—1.16 | 班主任申报家访学生名单至年级组长处 | 责任教师 |

续表

| 序号 | 时间 | 内容 | 负责人 |
|---|---|---|---|
| 4 | 1.16 | 段长对申报名单进行第一次审核。对审核不合格的予以驳回重报，审核通过则上报学校 | 年级组长 |
| 5 | 1.17 | 学校对各年级申报名单进行第二次审核。审核不合格的予以驳回重报。审核通过的进入分配环节 | 学生发展部 |
| 6 | 1.18 | 各年级将分配名单报学生发展部，学校公布家访分配结果 | 年级组长<br>学生发展部 |
| 7 | 1.19 | 教师查看分配结果，了解学生状况 | 责任教师 |
| 8 | 1.20—4.30 | 教师提前电话预约家访时间并按照约定如实进行家访，填写家访情况反馈表（电子版）并拍照（利用下班时间） | 责任教师 |
| 9 | 5.1—5.10 | 年级统一上交家访资料（反馈表和照片各1张）至相应文件夹 | 年级组长 |
| 10 | 5.13—5.30 | 优秀"信使"评选并收录德育文集，进行交互式交流 | 学生发展部 |

附件一：入户家访学生甄选条件

附件二：入户家访沟通指南

附件三：成都高新新源学校教师入户信使家访记录表

成都高新新源学校

2024年1月9日

## 入户家访学生甄选条件

特质关怀类（凡有必选）：

A. 家庭特别贫困，需要得到关怀与帮助的；

B. 心理预警学生，包括一般预警、重点预警和特别预警三级（红、橙、黄）学生；

C. 家庭发生重大变节，如父母离异（单亲）、父母过世、父母严重纠纷等对学生身心影响较大的；

D. 学生患有疾病的（重大疾病、突发疾病等）；

帮扶指导类：

E. 学生学业不佳、学习态度不端正、学习缺乏动力、厌学的；

F. 学生品行不佳、顽劣、不服从管教的；

G. 学生或学生家长对学校工作或政策有不理解或不支持的；

H. 存在其他特殊情况的；

特长类：

I. 具有艺术（舞蹈、唱歌）特长；

J. 具有艺术（美术）特长；

K. 具有体育特长；

L. 具有科技特长；

具有其他特长：

各年级甄选的家访对象应满足以上条件之一，若有多重条件符合的可优先选择，并同时保证甄选对象条件的多样性，使得年级家访对象样本全面，不可全集中在某一条的甄选条件里。


## 入户家访沟通指南

家访前的准备：

1. 提前了解家访学生的状况（通过班主任、学生等途径）

（1）学生近期在学习及常规方面的表现状况；

（2）学生的家庭状况（父母的工作、家庭构成、家庭环境等）；

（3）要向家长反馈的情况，形成提纲；要向家长了解的问题，形成清单。

2.提前电话预约家长时间

（1）至少提前3天向家长预约家访时间、家访地点；

（2）以家长为"中心"，充分考虑家长的工作时间；

（3）预约时，应事先向家长说明家访目的（了解、帮助），减轻家长心理负担；

（4）明确家长家庭教育困难和需求，做到有的放矢；

（5）明确家庭可能存在的禁忌，避免矛盾冲突。

3.提前沟通家访学生

（1）最不希望老师家访提及的事情；

（2）最需要老师家访帮助解决的问题。

4.家访教师做好准备

（1）做好充分的资料准备，对家访学生基本情况心中有数；

（2）做好心理准备，充满信心不胆怯；

（3）着装仪表的准备，注意符合教师身份的着装及仪表；

（4）家访前向学校学生发展部或年级报备，带着任务家访，避免随意性。

家访进行中的安排：

1.观察了解：

观察被访学生家庭生活状况（家庭结构、经济状况、学习生活环境）；

2.询问了解：

（1）询问学生在家的表现（情绪、劳动、学习等）；并针对一些积极或者不良的表现给予家长管理建议；

（2）询问家长在家庭教育方面是否有需要帮助，并实时提供指导；

（3）询问家长在其他方面是否有困难，学校可给予力所能及的帮助；

（4）询问家长对于班级建设、年级学校管理是否有建议。

3.倾听了解：

（1）了解家长对于子女教育问题的观念；

（2）了解家长对于课任教师、班主任、年级及学校的评价；

4.技巧提示：

（1）首次家访，可以先通过与家长聊家常的方式来缓解彼此的紧张情绪；

（2）控制好和家长的沟通节奏和谈话内容，不要因为一直拉家常，偏离了家访主题；

（3）肯定放大学生优点，营造和谐积极的氛围，放松学生与家长的紧张情绪。

家访后的反馈与总结：

1.及时完成家访信息登记表的填写；

2.针对家访中发现的问题及时解决或向班主任、年级组、学校部门反映，并及时将解决情况给予家长反馈；

3.家访后学生的情况，有无积极变化，有无消极影响，要向家长及时反馈；

4.入户家访结束后，要及时向年级组报平安。

入户家访提醒：

1.明确家访目的：解决学生培养过程中的问题，不是告状、惩罚，更不是推诿抱怨、指责。要带着真心、爱心、耐心走进家庭，走近家长；

2.注意家校沟通的方法技巧、人际交往的礼仪礼节，访谈过程中如需记录、录音、拍照、摄像等，须征求家长意见，相互尊重，营造和谐家访氛围；

3.认真学习政府学校的政策规章、家庭教育的理念知识。制定解决学生培养问题的策略和方法要和家长沟通协调，既符合教育规律，又充分尊重家长、学生，切实起到增强家校沟通，凝聚家校合力的作用，提高工作实效。

**成都高新新源学校教师入户信使家访记录表**

| 教师信息 | 姓名： | | 年级： | | |
|---|---|---|---|---|---|
| 学生信息 | 学生姓名： | 班级： | 家长姓名： | | 电话： |
| 家访信息 | 家访时间： | | 地址： | | |
| 情况简述：家访学生甄选原因及访前信息了解 | | | | | |
| 家访叙事：（从学生家庭状况、在家表现、家长教育需求、家庭困难、家长评价、教师感受等方面叙事） | | | | | |

二、案例呈现

案例 6-3

信使家访，温暖前行

成都高新新源学校　周　鹏

我是一名中学班主任，在我的职业生涯中，我会一轮又一轮地接手不同的孩子，每一个孩子虽然是我职业生涯中学生的几百分之一，但是对于每一个家庭来说却是100%，我想给予每一个学生100%的关爱，我想赢得家长100%的青睐。在我新的一届班上，就有这么一个既调皮又可爱的孩子，带着期待，我走进了他的家里。

一、学生基本情况

（一）成绩方面：成绩较好，总成绩位居年级前列，理科思维力强，上课学习状态较为认真积极，能认真完成家庭作业。

（二）操行方面：性格较自我，不懂尊重他人，与同学相处中常发生矛盾，并产生过激行为，导致其人际关系紧张。自我管控能力差，违纪行为较多，导致个人操行分垫底。在学科教师对其的教育中，表现出不耐烦、不接受等消极情绪。

（三）家庭方面：父母早年离异，跟随爷爷奶奶生活，爸爸工作地较远，每周可回家与该生见一次面，家庭经济条件一般。在家庭教育方面，多数时间由爷爷奶奶管理，较溺爱，且由于文化水平较低，无法提供有效的家庭教育，其父亲文化层次较低，多采用的家庭教育方式为责骂、说教、反向讽刺激励，教育效果微乎其微。

二、家访解决的主要问题及归因

（一）性格自我，不尊重他人

原因分析：主要是由家庭溺爱造成的。由于父母早年离异，父亲工作不便不能生活在一起，爷爷奶奶承担起了抚养教育的责任。但是，爷爷奶奶怕该生因母亲不在身边而受到委屈便纵容娇惯，造成其性格自我，不懂得尊重他人。

问题解决建议：在家，消除该生在家里的"特殊"地位，合理满足该生的需求，让该生逐渐明白自己与别人是平等的。拒绝不合理要求，消除"以自我为中心"的意识。除此之外，制定家庭教育规则，设置奖惩机制并严格落实。在校，各学科教师进一步关注该生的交友情况，针对该生的一些不尊重他人的行为要及时予以干预和指导，通过活动开展和学习激励，让该生逐渐融入班级团队中去。

（二）电子设备使用无度，受不良影响严重

原因分析：由于爷爷奶奶与学生作息时间的不匹配，导致学生经常独处。在独处中，家长未能对电子设备的使用引起足够的重视。

问题解决建议：学生在校不携带手机等电子设备，在家与家长一起制定电子设备使用规则。周日晚18：00至周五晚18：00，学生非特殊原因不使用电子设备，若因学习需要使用，需家长在旁指导。周末在不影响正常学习和休息的情况下，可以有节制地使用电子设备，但不得浏览不健康网站，不得沉迷游戏。除此之外，指导该生父亲寻找一个舒适、轻松的氛围，单独与该生交流，讲一讲青春期知识，指导其正确看待自己的身体和心理变化。

（三）学习自主性差，缺乏内驱力

原因分析：该生思维活跃、分析能力强，较为容易地就能掌握老师所教知识。从小学升入中学，一直凭借自己思维的先天优势来取得学习的成效。但随着初中学习难度的提高，先天优势无法弥补后期的努力，学生的学习呈现停滞不前的状态。

问题解决建议：目前学习上，最需要关注的不是该生对各学科知识点的掌握，而是激发其内在学习动力，让其体会优异的学习成绩带来的成就感。以其数学学科为切入点，通过指导——督促——提高——肯定的逻辑顺序不断强化其学习动力，激发其学习数学的兴趣，让学生在学习中获得成就感和满足感。家长也逐步改进自己简单粗暴的教育方式，从赞美、鼓励和肯定的角度来正向激励学生。

（四）亲子缺乏交流，感情不融洽

原因分析：由于父母离异，该生从小缺失母爱，又由于父亲工作地太远，无法时常陪伴该生，所以造成父子缺乏交流。而爷爷奶奶年岁已高，思想固化，没办法与该生形成共同话题。

问题解决建议：建议父亲在工作之余能多回家陪伴孩子，少一些责骂，多一些鼓励和认可。可利用晚餐、周末时间，多与孩子聊聊轻松的话题，节假日安排家庭出游活动，让孩子做出游计划。

通过以上问题的探讨和交流，家长认识到自己对孩子教育的一些缺失，也表示将力所能及地去改进，给孩子创设更好的成长条件。

我知道不是所有的种子都能发芽，但只有播下去才会有发芽的可能。不是所有的花朵都会结果，但只有开花了才会有结果的希望。我同样知道，不是一次家访就可以让学生成功成才，但我会竭尽所能，带着对两个100%的追求，一路前行。

案例6-4

## 做闪亮的一抹光

### 成都高新新源学校　李丽超

自接任一年级（2）班班主任工作以来，教育实践中的无所适从越来越频繁，尤其是小宸同学的来临更使我手足无措，难以招架。带着这些困惑，我走近这个孩子，试着感知他独特的世界。

一、理解孩子情感需要

开学一周后，我们班转来了小宸同学，其智力水平、语言发展稍显滞后，不善于用语言表达自己的情绪和想法，容易和同学发生冲突：扯人嘴角、揪人头发、拧人手臂、光脚站在座位上、踩踏别人的书包……注意力也差，总是游离在课堂之外，对课堂教学形成干扰。

我仔细观察，深度思考，发现他的这些行为一是受智力发展的制约，二是受到家庭教育水平的制约，三是他在学校、班级、老师、同学之间没有建立良好的信任感和安全感。

我非常清晰一点，要紧紧抓住一年级学生对师长依恋感强的这一特性，抓住这个年龄层次的孩子"向师性"这一关键期，建立良好的师生关系，为孩子的高层次情感发展奠定基础。

二、把握孩子情感特征

当我走进小宸的家庭，对他的情况有了更深入的了解。孩子三岁才开始说话，经过华西二院儿童发育测试，其智力水平处于临界点。主要表现在语言发展滞后，心智发育明显低于同龄儿童；注意力水平滞后，有一定的多动症；情绪不稳定，容易激动，一激动就流鼻血，后经过治疗得以改善。在学龄前已送到专业机构经过培训，没有明显的变化。

三、营造良好育人环境

针对孩子在校的情况，我和其父母作了深入交流。小宸专注力很差，基本不听课，融入不了课堂教学。其良好的生活习惯和自理能力的培养也存在障碍。书包里的物品杂乱，吃手指，啃书、铅笔等学习用具；脱鞋蹲在椅子上，甚至坐在课桌上；整理、清洁、如厕、洗漱等生活的基本技能缺失；脾气急躁，动辄撕书本，扔东西，掐人的手、脸、脖子等。在班级的印象和舆论氛围特别不好，人际交往特别紧张。为此对其家庭教育提出几点建议：

（一）家庭要创设良好的育人环境。重点培养孩子的行为习惯，不溺爱，用积极的方式去评价孩子，比如设置每周星星榜，激励孩子形成良好的行为习惯。

（二）着重教育孩子学习基本的生活技能，尽可能达到该学龄孩子的水平。

（三）引导其多阅读人际交往的书籍，用故事的形式引导孩子形成正确的人际交往的认识和技能。

（四）家长可以介入个别课堂中去配合引导孩子学会参与课堂。

（五）家校做到每日信息互通，尤其关注孩子的人际交往现状和改进的措施。

小宸同学的特殊情况，需要的是他育的积极参与和干预，也许几个月、几年，甚至更长的时间，我们会看到一个能真正"自我教育"的小宸同学站在面前，如一抹光，柔和而闪亮。

# 第三节　家长会

## 一、方略构建

成都高新新源学校家长会实施方案

（一）评价标准及标准解读

1. 目的明确、具体，为解决学生在不同发展阶段面临的特定问题，形成家校育人合力，增强教育的有效性。

例1：新生入学的第一次家长会。肯定会涉及很多内容要向家长交代，如你的治班理念、班级发展方向、学校的文化、课任教师、学习的要求、组织纪律方面的要求、住校生的要求以及家长应该怎么配合班级教育学生，等等。所以你首先就应该告诉家长你今天开会的目的是什么。因此，可以借助PPT一点点罗列出来，要说明白，而不要避实就虚，说得模棱两可。当然这里不需要说得很具体，只要交代清楚家长会的目的就行。

例2：针对学生求学期间如何正确使用手机的问题举办的一次家长会，那么我们召开家长会就应该明确告诉家长开会的目的和缘由是什么，也才能与家长达成共识，形成教育合力。

最近，我们班上很多学生都将手机带到学校来，不但课下看手机，有些同学课上也会用手机打游戏，既破坏了组织纪律、违反了班规，也影响了学习。因此，今天请各位家长到学校来就是共同商量怎么解决在学校合理使用手机的事情，希望得到家长的支持、请家长为学生健康成长出谋划策。

2. 针对学生具体情况，体现班级管理特点，体现年级阶段性工作要求和学校德育工作特点。

学校和班级所有的要求是什么，从德育这个角度来说，为什么要制定这些要求（影响身体、学习和思想，甚至会影响同学之间的关系）？

3. 运用现代教育理念，指导家长有效进行家庭教育，并配合支持班级、学校的教育。

给家长支招，告诉他们在家应该做些什么：（1）尽量不带手机到学校，如有什么事情可以使用公用电话、学校办公电话、班主任的电话。（2）如有需要，手机可以交给老师保存。（3）用家长的身份证办理手机卡，可以随时查话费和通话时间——限制学生的话费，找到他通话的对象和原因，便于沟通和教育。（4）在家里应该和孩子达成共识，如果违反了组织纪律，老师有权暂时保存手机直接交给家长，家长也可以收回手机。（5）在教室设置一个手机放置箱，平时手机都放置在其中，需要和家人联系的时候告知保管员拿出来使用。（6）有什么特殊情况及时和老师沟通，形成合力共同育人。

4. 面向全体家长，兼顾个体差异，针对特点不同的学生对家长提出有针对性的教育建议。

个别有问题的学生可以请家长单独留下来，不要在全体家长面前说这些问题，以免引起家长的反感。

5. 重点突出，层次清晰。要草拟答题的提纲，在时间允许的范围内尽量将提纲拟得详细些。至少包括（1）问好；（2）阐述目的；（3）阐述原因（总体情况和个别情况）；（4）说明举措和办法（班级和学校的举措，希望得到家长哪些支持和配合）；（5）预期收到的效果；（6）再次感谢家长的支持与配合。

6. 营造民主、和谐的氛围，以尊重、平等的态度对待家长，能针对家长心理特征和认知特点，充分与家长沟通，形成有效互动。

（二）具体要求

1. 家长会可以是班主任与学生、课任教师共同参与的，不一定要班主任一说到底。

2. 家长会上一定要注意家校有效互动，比如请家长谈自己的看法，谈自己教育孩子的好做法。

3. 家长会不能只说优秀学生和表现不好的学生的情况，应该有班级总体情况的介绍，最好是能兼顾所有学生，如用数据、照片、书信等。

（三）评价量表

| 目的 | 目的明确、具体，为解决学生在不同发展阶段面临的特定问题，形成家校育人合力，增强教育的有效性。 | 2分 |
|---|---|---|
| 内容 | 针对学生具体情况，体现班级管理特点，体现年级阶段性工作要求和学校德育工作特点。<br>运用现代教育理念，指导家长有效进行家庭教育，并配合支持班级、学校的教育。<br>面向全体家长，兼顾个体差异，针对特点不同的学生对家长提出有针对性的教育建议。<br>重点突出，层次清晰。 | 4分 |
| 过程 | 营造民主、和谐的氛围，以尊重、平等的态度对待家长，能针对家长心理特征和认知特点，充分与家长沟通，形成有效互动。 | 4分 |

新源学校第十四届班主任节家长会评比方案

（一）活动目的

为了展示优秀班主任风格各异的值班策略，为了提升学校班主任队伍的整体专业能力，为了加强家校沟通，进一步形成家校合力，助力学生的成长和提升，学生发展部计划举行此项评比活动。

（二）评比内容

开学家长会PPT、现场家长会。

（三）制作要求

1. 宣传学校文化，班级文化；

2. 体现班级特色、治班理念，体现新学期班级发展规划；

3. 体现对学生的积极评价和有效引导；

4. 体现对家庭教育的指导；

（四）评委成员

由学生发展部外聘专家组成。

（五）奖项颁发

班主任节闭幕式暨颁奖典礼。

## 二、案例呈现

案例6-5

### 怎样让孩子的假期过得有意义

一（1）班家长会　陈　谦

亲爱的家长朋友们：

大家下午好！很高兴又和大家见面了，为大家的如期而至表示深深的感谢！

转眼之间，一学期已经结束，我们的孩子们在一学期的学习生活中都各有收获。在此，祝贺我们所有的孩子们都取得了不同的进步。愉快的假期即将开始，我们应该怎样为孩子们安排一个有意义的假期呢？根据我班孩子们的情况为大家提出一些建议，希望对大家会有所帮助。

一、陪伴孩子阅读

"书籍是人类进步的阶梯。""读万卷书，行万里路。"每一次的阅读都是一次心灵的洗礼，每一次阅读都是一次成长。假期正值阅读时，我们为孩子们精心备选了一些适合他们阅读的书籍，希望大家能合理安排时间让孩子阅读。我想，我们的家长朋友们一定很乐意与孩子一起亲子阅读吧，一起享受阅读的乐趣。下学期开学时，我很乐意孩子们在班上进行假期阅读分享，更欢迎我们的家长朋友们能与孩子一起在班上进行阅读分享。

二、安排一次长途旅游

"天下之大，无奇不有。"不走出门去，怎能正确认识这个世界呢？常言道："知识来源于生活"，我们应当让孩子走出去，来一次长途旅行。走出去，才能亲身领略书中所介绍的真实世界的美，领略大自然的奇特，领略各地的风土人情。来一次长途旅行，不仅可以丰富孩子的阅历，增长见识，还可以增进亲子感情。所以，假期正是旅游时。如果孩子能将旅游经历写成游记与大家分享，那是多么有意义的事啊。

三、让孩子参加社会实践

现在的孩子因为生活条件优越，没怎么吃过苦，所以生活能力比较差。家长们在假期里要至少安排一次适合自己孩子的社会实践活动，比如去爸爸妈妈的单位做一些力所能及的事，如打扫卫生，整理办公桌等；也可以去小区里做一些公益宣传，比如爱护花草，不在小区里乱扔垃圾，等等。在参加社会实践活动过程中，孩子的心理素质会得到提高，社会交往能力会得到提高，语言能力也会得到提高。参加社会实践也会增长见识，培养孩子乐观积极的生活态度。

四、发展孩子的兴趣爱好

平时孩子学校的学习生活比较忙，没有更多时间去发展自己的兴趣爱好，假期正是一个好机会。家长可以与孩子商量，征求孩子的意见，看看孩子喜欢什么，适合什么，给他们自由选择的机会，选择一门兴趣爱好作为发展方向。千万不要小看兴趣爱好的培养，因为在学习过程中可以使孩子的意志力得到锻炼，学会吃苦耐劳。经过多年的坚持发展，兴趣爱好就会变成一门特长。经观察发现，有特长的孩子，在自信心方面要比没特长的孩子更强。此外，我班的小舞台和学校的小舞台一定会给孩子们展示的机会哦。所以，请大家行动起来，在假期里给孩子一个发展兴趣爱好的机会吧。

五、学习做家务事

现在的孩子可以说是在糖水里泡大的，除了有爸爸妈妈爱，还有爷爷奶奶外公外婆爱，基本上家里的家务事轮不到孩子做，所以孩子的生活能力不强。在班上轮到孩子们自己做值日时，很多孩子不会扫地，不知道扫帚怎么使用，不知道怎么用拖把，老师还要一个一个地教他们做清洁。家长们不要以为小孩子只管搞好学习，家务事由大人做就行了，其他不需要去操心。这种想法只会培养出"饭来张口，衣来伸手"的懒孩子。平时学习忙，孩子没有什么做家务事的机会，假期里正是锻炼的时候，所以家长们可以给孩子规划一下，让孩子做些力所能及的事情，比如洗碗、扫地、自己洗袜子等力所能及的家务。但是，不要用金钱奖励来刺激，不要使得做家务功利化。家长们可以表扬、鼓励孩子，让孩子体会到完成一件事的成就感。做家务还可以让孩子懂得感恩，在做事的过程中，体会到大人们的辛苦，从而增进亲子感情。

我希望以上的这些建议能对大家有所帮助，让孩子们过一个有意义的假期。最后，祝大家工作顺利，家庭幸福！

案例6-6

## 分析现状 树立信心 查找问题 制定策略

八（4）班家长会 周 骁

亲爱的家长朋友们：

大家好！感谢大家在百忙之中来参加今天的一诊考后家长会。

刚才给大家下发了孩子本次一诊考试的成绩，我也看到了大家脸上忧心忡忡的表情。对大家的担忧，我深表理解，毕竟距离中考已不足3个月的时间。然而，正如我之前跟孩子们所说，沮丧和失落并不能解决根本问题，这也是我今天专门把我们在座的这部分家长请来做个别沟通的原因。希望通过今天的家长会，首先要和大家一起对这次的成绩进行客观的分析，以便消除大家的焦虑情绪，进而树立必胜的信心，并能够在会后，把这种信心传递给我们的孩子。

我今天主要讲三个方面的内容。

一、我们应该如何看待一诊

"一诊"，就是中考前的第一次诊断性测试。从名称上看，我们就知道它的目的是"诊断"，而不是"评价"。既然是"诊断"，那么它主要诊断哪些问题呢？我觉得主要有以下几个方面：

（一）诊断孩子近期的学习状况和复习效果；

（二）诊断孩子现阶段的答题能力和应试技巧；

（三）诊断孩子的学习习惯和心理素质。

二、我们应该怎样分析成绩

孩子的成绩不够理想，这已经是一个客观存在的现实，我们必须去接受和面对它，但并不意味着我们对它听之任之。各位家长应该以这样的思路去和孩子一起对本次的成绩做一个客观的分析——

首先，这是否是孩子真实成绩的反映，或者仅仅是因为考试发挥失常？

其次，本次考试中暴露出来的问题，主要出在知识上、能力上、技巧上，还是心理上？

最后，考试中暴露出来的问题，投射到日常学习和生活中，应该归因到哪个方面？是态度不端正、目标不明确、习惯不良好，还是方法不正确？

三、我们应该怎样给孩子以信心

温家宝总理曾经说过，这是一个信心比黄金还宝贵的时代。在这最后的3个月冲刺阶段中，信心的树立是一切的前提和基石。所以我下面所讲的内容，希望家长们能够充分理解，并以自己的方式传递给孩子们：

（一）距离中考还有3个月的时间，各科的新课学习刚刚结束，系统的总复习还没有全面展开，所以还有足够的时间查缺补漏；

（二）这一次没考好，并不意味着自己没有能力考好，更不意味着自己在中考中也不能考好，或许仅仅意味着在这个阶段的学习中，你没有学好；

（三）要想走出目前的困境，孩子首先需要制定一个比自己现阶段的水平略高的分数或者名次作为近期的目标，也是自己二诊考试的奋斗方向；

（四）二诊的成绩能否提升，还取决于孩子能不能对自己整个日常学习的流程进行有效反思，找到后期成绩增长点（也就是做得不够好的地方）；

（五）从家庭学习环境和生活安排的角度，家长也应该和孩子充分沟通，听取孩子的意见，总之，就是要让孩子感受到家庭的温暖和助力。

当然，我们的各科老师们也会单独找这些同学谈话，帮助他们解决在学科上的问题，让他们尽快走出目前的困境，考到理想的成绩。

我相信，只要我们（家长和老师）通力配合，多管齐下，一定能够帮助孩子们及时调整学习状态，跟上复习节奏，在下次的诊断性考试中，以及最后的中考中取得理想的成绩。谢谢大家！

# 第七章　队伍成长篇：寻根—聚源—炼魂

## 第一节　德育干部：品行塑造的先行者

成都高新新源学校有一支德才兼备、廉洁奉公、业务过硬、作风优良、勇于创新的德育干部团队。他们不仅是政策的制定者、活动的策划者，更是全校师生践行德育理念的引领者和先行者。在这支充满活力、业务过硬的德育干部团队的带领下，学校的德育工作不断向前发展。

### 一、职责明确

（一）德育工作

根据国家教育政策和学校培养方案，开展学生的思想政治教育、品德教育、社会责任感教育等方面的工作，引导学生树立正确的世界观、人生观和价值观。

（二）职业生涯教育

为学生提供职业规划与发展方面的指导，帮助学生认识自己、探索兴趣，了解职业特点，并根据自己的个性品质和内在特征为今后职业选择做好准备。

（三）身心健康教育

组织开展各种形式的未成年人思想道德建设、劳动、体育、艺术、心育等活动，促进学生的身心健康发展。

（四）校家社协作

与家长保持密切联系，及时沟通学生在学校和家庭的情况，引导家长正确参与学生的成长和教育；组织学生参与社会实践和志愿服务，培养其社会责任和实践能力。

## 二、分工协作

德育干部团队分工明确合理，专人牵头课程建设及队伍建设、德育常规及评优选先、家校沟通及社区联动、少先队团委建设、课题研究及成果提炼、班级建设及学生活动、身心健康及五项管理等工作，制订中长期德育工作规划，引领全校师生德育建设方向。

德育干部队伍注重协同落实，一起制定学生发展的战略规划和政策，协调各方资源和支持；跟年级组长和班主任共同制订和执行针对学生的个性化发展计划，提供必要的学术和德育支持；与家长保持密切联系，了解学生在学校的表现和进步，提供重要的家庭支持和帮助；协同开展身心健康教育和心理辅导等方面的工作，为学生提供必要的心理支持和帮助；一起组织开展各种形式的社会实践和志愿服务活动，培养学生的社会责任感和实践能力；共同开展学年、学月、学周课程，实现课程活动育人；协同组织好艺体工作，提升学生艺术素养、身体素质和运动能力；注重校园文化氛围的营造，实现环境浸润、文化育人的目的。

## 三、课程实践

德育干部既是德育课程的设计者，又是德育课程的实践者，亲自参与到德育课程的策划与实践中，规划向阳花德育课程方案，制定德育课程实施方案、组织德育课程活动落实、反思德育课程效果等，用丰富的课程体系和课程活动引领全校教师践行向阳花德育理念。

### 四、队伍成长

学校德育工作既繁琐细致，又充满智慧。在不断的挑战中，我校涌现出了一批出色优秀的"新源德育干部"，在各自的岗位上绽放光芒，也起到了辐射带头作用。其中，有两位成长为校级干部，两位被评为市级优秀班主任，一位被评为市级优秀德育工作者，两位被评为区级优秀德育工作者，一位被评为区级优秀班主任，三位被评为区级优秀团干和少先队优秀辅导员。近年来，在各级各类赛课、德育成果评选、德育经验交流、指导学生等德育工作中，共179人次获奖。

## 第二节　年级团队：同舟共济的育人者

为落实学校"养正日新，厚源致远"的办学理念，建设一支既勇于创新，勇于担当的教师队伍，培养健康全面发展的时代新人，在年级组建立一套设置合理、运转灵活、执行高效的年级组管理委员会（简称"级管会"），以打通年级组与学校各部门之间、年级组内部各项关系，明晰权责，提高年级组管理效能。

### 一、年级级管会制度，教师共建共享共发展

年级组既是教育教学实施载体，又是教育教学管理部门，它下移了管理重心，减少了管理层次，畅通了学校上下管理渠道，确保学校教学工作和德育工作及其管理的有机结合，实现学校治理从以行政为中心转向以教育为中心。级管会既关注个人的具体感受和创造性的培养，便于调动教师的主动性，又集中优势发挥年级组的组织力、宣传力、动员力和执行力，是完善学校内

部治理结构，提高学校的治理能力的具体体现。

（一）组织结构

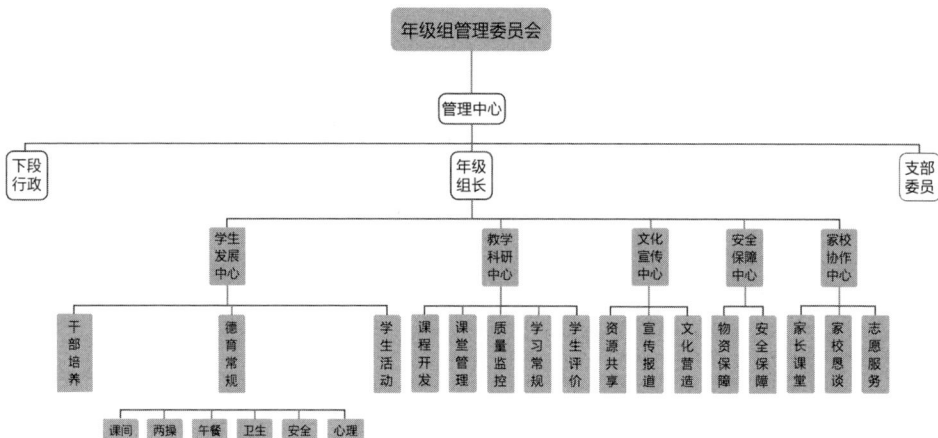

（二）主要职责

级管会由年级组长全面负责，在以年级组长、下段行政和党支部委员为主的"管理中心"下，分设"学生发展""教学科研""文化宣传""安全保障""家校协作"五个工作中心，与学校相对应部门无缝对接。

1. 学生发展中心，对接学生发展部

组建年级学生干部队伍，加强对年级小干部的培养；以楼道值周为德育常规管理平台，监督管理年级学生的课间休息、体育锻炼、就餐管理、卫生保健和安全；结合学校主题月活动，组织学生开展各类活动。

2. 教学科研中心，对接学校教学部和教师部

以备课组为教学教研平台，开展"课程研发""课堂管理""教学质量监控""学习常规"以及"学生评价"等工作。

3. 文化宣传中心，对接行政办、党建办、科信部

整合各类资源组织学生及家长学习；借助校内校外媒介，大力宣传年级组教师、学生、家长良好形象；打造富有特色的年级文化。

4.安全保障中心，对接后勤和校安全办公室

做好年级的物资保障（包括物和人两方面），开展年级安全教育等活动。

5.家校协作中心，对接学校家长学校

通过年级家委做好家长课堂，开展家长进校园活动；组织家校恳谈会，加强家校沟通，解决家校纠纷和矛盾；组织家长志愿者服务，参与家校共建。

（三）组织与保障

"管理中心"和五个工作中心的负责人，成立"评议小组"，根据学校和年级相关制度对各岗位进行考核，并以此作为评优选先晋级的基础数据。担任岗位的成员在绩效考核时发放一定的保障津贴；在评优选先晋级时，同等条件下优先推荐；学校将给级管会成员搭建、提供专业发展平台。

级管会是以教师和学生为中心，以年级组师生家长的需求作为管理的导向，责任、权利和利益在年级组内部达成平衡和统一，使学校治理机制从"科层化"到"扁平化"再到"网格化"，真正提高学校的治理效能。

通过级管会，把"人人有岗，自主发展"的育人理念根植于年级教师、学生、家长心中，各成员在参与年级各中心的服务工作中，不断增强服务意识、协作意识，增强团队凝聚力，真正实现年级共建共享。

案例7-1

### 初2022级年级级管会方案

| 年级管理中心 | | | |
|---|---|---|---|
| 年级指导：岳聪 | 评议小组：况明、帅玉亮、刘钟元、周骁、岳华 | | |
| 年级管理中心分工及职责 | | | |
| 工作中心 | 负责人 | 职务 | 成员 |
| 学生发展中心 | 刘钟元 | 年级支部委员 | 袁源、贾雅茹 |
| 教育科研中心 | 岳华 | 数学备课组长 | 杨文菊、曾佳 |

续表

| 工作中心 | 负责人 | 职务 | 成员 |
|---|---|---|---|
| 文化宣传中心 | 周 骁 | 学校团委书记 | 郭 冉、文 川 |
| 安全保障中心 | 况 明 | 后勤事务部主任、年级下段行政 | 王 成、赵品强 |
| 家校协作中心 | 帅玉亮 | 年级组长 | 蒋 英、岳 聪 |

**案例7-2**

小 2018 级年级级管会方案

| 年级管理中心 | | | |
|---|---|---|---|
| 年级指导：杨石 | | 评议小组：古小鸣、张玲、梁淼 | |
| 年级管理中心分工及职责 | | | |
| 工作中心 | 负责人 | 职务 | 成员 |
| 学生发展中心 | 梁 淼 | 年级支部委员 | 唐开华、李惠群、刘 萍 |
| 教育科研中心 | 古小鸣 | 教师发展部副主任、年级下段行政 | 黄新月、谌瑞霞 |
| 文化宣传中心 | 田 竞 | 学校宣传工作人员 | 田 竞、谯佳洁、唐于涵 |
| 安全保障中心 | 李青松 | 教学管理部干事 | 周 岱、郭焕发、李青松 |
| 家校协作中心 | 张 玲 | 年级组长 | 梁 淼、古小鸣、杨 石 |

## 二、年级跨学科项目化学习推动师生共同成长

根据学校各部分的要求、年级老师特点以及学生的年龄等实际情况，年级组带领年级老师一起探索，用一次次的跨学科项目化学习推进教学工作，推动师生的共同成长。比如一年级老师在刚入学时，由于疫情原因，我们进行线上教学，多次召开线上年级组会议，大家共同讨论做了一个孩子们自我介绍的跨学科项目化学习。9月中旬开学后，年级组利用兴趣班时间做的是《我是小学生啦》的跨学科项目化学习。

案例7-3

# 一年级自我介绍课程
## ——指向五育并举的跨学科项目式学习

### 成都高新新源学校 陈 柳

"双减"背景下，疫情特殊时期，一年级的小学生开学就面临着居家线上学习的困境，为了帮助孩子们进行幼小衔接和顺利过渡，转换角色意识，一年级的课任老师一起探讨，制定了跨学科项目化学习——独一无二的我。

疫情期间，正逢开学之际，一年级的学生与学校、老师、同学们都素未谋面。面临这样一个真实的情境：如何让一年级的小学生能够快速地融入一年级的学习生活，让老师和同学们都相互认识？这就成为本次跨学科项目化学习的驱动性问题的缘起。

因此，本次一年级跨学科项目化学习的驱动性问题是：亲爱的小葵宝们，你们已经是一年级的小学生了！想必你们肯定是迫不及待地想要跟老师和同学们见面，在疫情居家线上学习期间，如何让多彩的、丰富的、独一无二的自己展现在大家面前呢？那就让我们行动起来，来一场与众不同的自我介绍吧！

为了让一年级的学生能够多方面展现自己，快速地融入班集体，一年级的老师们为小葵宝们精心准备了"独一无二的我"跨学科项目化学习课程。

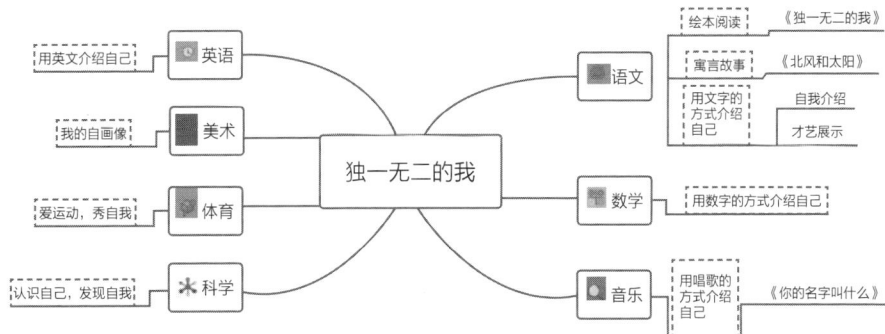

首先由语文学科牵头，从绘本故事《独一无二的我》开始，如何让大家认识这样一个独一无二的我，自我介绍就是最好的方式。数学、音乐、英语、美术、体育和科学各学科进行融合，在此基础上开展跨学科的项目化学习。

此次跨学科项目化学习的目的就是让小葵宝们能够消除空间的隔阂，彼此相互了解、相互熟悉，发现独一无二的我，一年级的各科老师们以跨学科为基础，融合各科的学习内容，带领学生们进行项目化学习探索。

本次跨学科项目化学习包括三类实践：探究性实践、审美性实践和社会性实践。

一、探究性实践

探究性实践通过在真实世界中观察与调查，提出问题；与以往所学知识建立联系，建构理解或运用推理、批判性思考和模型进行设计。

当一年级的学生通过收到需要进行自我介绍并展示才艺的任务时，他就会思考我要如何介绍自己，我有什么才艺等，这就是提出问题进行思考的过程，并且与以往所学的知识或者才艺建立了联系。数学中用数字的方式进行自我介绍也是需要孩子们在会数数的基础上进行介绍。

二、审美性实践

我们这次开展的自我介绍融合了音乐和美术，这两门学科带有极强的审美性。学生用唱歌的方式介绍自己，动听欢快的音乐旋律点燃了孩子们自我介绍的兴趣。美术上的《我的自画像》，画出独一无二的自己，挑战孩子们的绘画能力。一个是听觉的审美，一个是视觉的审美，两类活动的开展让美感具有可视化。

三、社会性实践

项目化学习的社会性实践是指沟通和交流。通过听、说、读、写等方式交流和获取信息，与他人建立相互理解和共同解决问题的社会性联系。本次跨学科项目化学习中有听故事、听音乐；有用语言、歌曲进行自我介绍，有读绘本故事、寓言故事；也有画出独一无二的自己。并且这些活动的最终目的是沟通和交流，让大家认识自己、了解自己。

　　跨学科项目化学习的评价是多元化的、丰富的。我们在进行跨学科项目化学习过程中，运用了过程性和总结性评价及多元主体参与的评价方法来促进学生真正投入到项目化的学习中。结合过程性评价和总结性评价，实现了评价主体的多元性，有老师评价、家长评价和自我评价。多元评价使得评价更加全面、更加客观。

　　此次跨学科项目化学习历时两周的时间，小葵宝们参与到项目化学习中，变得更加大方、自信了；对集体、老师和同学有了进一步的认识，从内心接纳了老师、同学，是有效的幼小衔接课程。


　　编者的话：2022年，教育部印发《义务教育课程方案》，强调要强化学科知识的整合，统筹设计综合课程和跨学科主题学习课程，注重培养学生在真实情境中综合运用知识解决问题的能力。学科融合课程体现了全面育人、综合育人、聚焦核心素养的育人取向。我校教师在新课程方案的指导下，积极学习和实践学科融合课程，一年级组老师们在疫情期间，为了帮助孩子们顺利地进行幼小衔接，完成幼小过渡，设计了贴合我校校情和学情的《一年级自我介绍课程》，提高了指向五育并举下的课程开发和实践能力。


### 三、丰富多彩的年级活动，促进师生共同发展

　　活动是中小学开展教育教学的重要形式，也是老师和学生喜欢的一种学习方式，更是学生道德形成和发展的重要途径。年级在组织日常教育活动时，结合学生身心特点，精心设计、主题明确、内容丰富、形式多样。

案例7-4

# 新源学校"向阳花少年"七年级入境系列活动

为了让小升初的新生转变身份、调整心态，尽快适应初中的学习、生活，七年级的老师们开展了"相识·融入·蜕变·挑战"新源学校"向阳花"七年级入境系列活动。

活动一："向阳花少年·相识"

1. 新生新情况调查

从葵花宝贝长成葵花少年，从熟悉的六年小学班级走向陌生的新组建的七年级，阳光的你有着怎样的朝气和活力呢？老师们迫不及待地想要认识你，于是，一场未见面的线上问卷悄悄展开。老师们从爱好、特长、对学科的兴趣、自身的优点等方面设计问题，全方位地了解素未谋面的少年们。

2. 新生家长会

相识，既是与学生三年之缘的开启，也是与家长们的一场缘分，在新生家长会上，班主任向家长们真诚地介绍自己、分享教育理念、提出家校协同的期望，与会家长们认真聆听。会后，与老师们就孩子的入学准备做了深入的交流。

3. 新生短视频介绍

七年级师生们在没有见面的时候，为了尽快让老师们认识大家，同学们采用线上一分钟视频的方式做自我介绍、才艺展示，同学们或优雅、或淡然地介绍了自己。

活动二："向阳花少年·融入"

1. 七年级入学指南

开学前，七年级所有教师们做好了充分的准备，为了让同学们更快地走入初中生活，年级组老师迅速开展头脑风暴，为同学们制定了《七年级入学指南》。

**2. 教生线上见面会**

即将陪伴我们三年的老师真面目究竟如何？我们的同学充满了期待，于是在开学前三天晚上，我们的课任老师与各位同学在线上开展了见面会，各科老师都从学习态度、学习方法、学习技巧方面给予孩子们细致的指导。

**3. 班级建设共努力**

对于新的年级来说，要建设一个什么样的班级，取决于大家的共同努力，在充分民主的讨论下，各班确定了自己的班名、班徽：一班：阳光班；二班：星辰班；三班：繁星班；四班：星火班。"聚是一团火，散是满天星"，四个班不约而同地把星辰大海当作自己的奋斗目标，我们相信，在给新班级取班名、设计班徽、确定班风和学风的过程中，孩子们已然找到了班级的归属感，变成班级的真正主人。

活动三："向阳花少年·蜕变"

**1. 中秋家宴，我来做**

正值中秋，虽班级同学无法团圆，但好在与家人能够花好月圆，人月两圆，同学们也精心烹制大餐，为家人献上一份爱。

**2. 教师祝福，我策划**

金桂飘香时，浓浓师生情，一路走来，我们告别了小学的老师，迎来了中学老师，带着对恩师六年的不舍，迎来了没有小学老师陪伴的第一个教师节。"每逢佳节倍思亲"，在这样的节日里，孩子们拿起笔，为老师们写诗。

活动四："向阳花少年·挑战"

**1. 扫一桌，志未来**

"一屋不扫，何以扫天下？"，随着第一周正式网课的开始，同学们开始整理"书桌"这个老伙计，为了把这张即将陪伴自己三年的"挚友"打扮得干净、整洁、有序，同学们着实费了一番工夫，无论是杂物的收纳整理、书本的摆放、学习空间的留白，都饱含着每位同学的匠心，让我们一起来看看七年级的最美书桌吧！

2. 新学期，新规划

千里之行，始于足下，我们的目标在远方，路却在脚下，这宝贵的三年究竟如何度过，它与未来又有着怎样的联系，一切都取决于我们的规划。七年级的孩子们在老师的带领下做好了每日规划，孩子们每日的生活将家务劳动、体育锻炼、阅读书籍、有限使用手机、积极人际交往写进了自己的规划里，力争成为德智体美劳全面发展的阳光少年。

# 第三节　班主任：润物无声的守望者

## 一、班主任节的缘起

班主任是学生成长路上的引路人，是学校开展德育工作的中坚力量。但班主任自我实现的需求没有得到关注，被尊重的需求没有得到满足，长期被班务缠身，幸福感不强。在此背景下，新源学校每年举办班主任节，为班主任营造一种被理解、懂感恩的良好氛围，重点关注班主任被尊重与自我实现的需求，提升班主任的专业能力，提高班主任的职业认同感和幸福指数。

## 二、班主任节活动思路

学校借鉴其他活动如校园科技节、阅读节、文化节的思路，每年四五月份举办班主任节。其主要内容：一是学术交流，通过专家讲座、经验交流、学术沙龙等方式，为班主任指点迷津，促进其专业发展；二是评价活动，通过一系列评价活动润泽班主任心田，增强班主任的职业认同感；三是颁奖典礼，通过极具仪式感的方式，提高班主任的幸福感。

### 三、班主任节活动实施

（一）学术交流：智慧分享，提高专业素养

1.彰显风采的技能大赛

家长会评比。班主任召开家长会后上交 PPT 和讲稿，学生发展部组织评委评分。通过家长会的设计、实施，促进班主任专业化成长，增强家长会的有效性和多元性，增进家校互动和沟通，对家长进行多方面培训，进一步形成家校合力。

信使家访活动。教师担任暖心信使，及时了解、沟通和反馈学生思想状况和行为表现，认真听取家长对学校的意见和建议，促进家长了解学校了解班级，帮助家长提高家教水平；引导家长注重家教家风，营造积极向上的家庭氛围；播撒师爱的种子，为困难家庭"送温暖、伸援手、助成长"。

赛课活动。包括主题班会、劳动、社会实践、团课、队课、修身班会课等。每个学段、每类推荐1~2位老师参赛，参赛选手以"自主申报 + 年级推选"的方式产生。

校级班、团、队赛课活动。展示新源班主任风采，在班主任团队中形成"比、学、赶、超"的良好氛围，促进青年班主任专业化成长。通过各项赛课活动的学研展评，一方面总结和提炼校本教育资源，另一方面甄选出优秀班主任作为各项市、区级赛事的储备人才。

青年班主任训练营。部门拟定训练主题，包括班级管理场景处理、突发事件应对等。新进教师参加，分析问题，提出观点，讲述处理方案。资深班主任评审团打分、点评。通过训练营提升青年班主任面对突发事件迅速而准确地判断，并采取恰当有效的教育措施处理问题的能力，提高青年班主任的育人水平，为学校班主任团队的可持续建设和发展奠定良好的基础。

心理个案案例分析比赛。心理老师提供典型案例素材，参赛班主任选择典型案例或本班案例进行分析，撰写具体、可操作性强的案例措施。通过活动的实施，进一步凸显心理教育和心理关怀在学校教育中的重要地位，提高班主任对学生心理问题的重视程度和对心理学知识、技巧的学习意识，更好地维护学生的心理健康，有效避免因心理问题导致的学生偶发事件的产生。

2. 高端引领的专家讲座

学校邀请专家开展主题讲座，讲座内容坚持问题导向，针对班主任在班级管理过程中的关注点和需求点进行设计，涵盖班主任心理辅导、沟通技巧、家校合作及职业生涯规划等方面。专家通过鲜活的案例，深入浅出的理论，引导班主任对班级管理的实效性进行深度思考，引领班主任透过现象看本质，思考现象背后隐藏的深层问题，有针对性地解决实际问题。专家引领可有效提升班主任的思考力和专业素养，增强班主任的自我认同感。

（二）评价活动：浸润无声，促进共同成长。

他人的正面评价是提升自我价值的重要方式。我校高度重视给予班主任积极、正面的外界评价，通过组织开展一系列体验活动和评价活动，提升班主任的幸福感和自我认同感。

1. 感念师恩活动

组织"老师，我想悄悄对你说""老师，我想为您画幅画""老师，我想为您写首诗"等活动。学生用手中的笔描绘自己眼中的班主任，展现班主任的美好形象、工作场景、嬉笑怒骂的瞬间等，以丰富的色彩、巧妙的构图、不同的绘画风格，表达对班主任的热爱与感激。

2. 优秀德育工作者、金牌班主任

荣誉心理学认为，人的深刻体验源于心灵的震撼。通过部门筛查、学段、年级推举评选出优秀班主任工作者，授予荣誉称号，促使其从内心深处热爱这个岗位并乐意在岗位上倾心奉献。

（三）颁奖典礼：最美仪式，激励最美的担当。

极具仪式感的颁奖典礼，能带给班主任心灵的震撼。

第一个环节：表演庆祝。社团的孩子们，和着伴奏，或朗诵，或歌唱、或演奏……表达了对老师纯真而炽热的情感，此时此刻，班主任被浓浓的爱意包围。

第二个环节：系列颁奖。这是一个令人期待的环节，在各项活动展评中获奖的老师们依次登台，收获属于自己的那份荣誉。别具一格的奖项，独树一帜的颁奖词，意义深远的颁奖活动，无不彰显着对班主任的肯定和认可。台上的班主任们眼中泛着泪光，充满了自豪。

第三个环节：交流分享。"新源德育讲堂"之年级管理经验、班主任工作技巧、家校沟通策略……交流分享。老师从自己的实际工作经验出发，用翔实的案例、深入的剖析，为大家带来了最有实效、可操作性强的"独家秘方"。

### 四、从庆典走向机制建设

学校班主任节正在从庆典走向机制建设，通过不断优化、完善、丰富，一步步走向人文、成熟。班主任节系列活动，不仅大力推进班级建设工作，也促使班主任树立先进的班级治理理念，拥有丰富班级治理经验，提升班主任的班级治理能力，促进班主任的专业化发展，同时促使师生风貌、班级风貌和学校风貌焕发新的活力和新的气象。

在教育的世界里，班主任的角色是不可替代的。他们是学生的引路人，是班级的管理者，更是学生成长的见证者。他们以无尽的耐心、智慧和热情，陪伴学生走过一段段成长的旅程。下面结合我校三位名优班主任的成长案例，一起探索教育的真谛，感受班主任的付出与收获。

案例7-5

# 风雨兼程　与学生一起成长

陈梅老师，以开放的心态和包容的态度，帮助学生解决成长中的困惑。她的耐心倾听和积极引导，赢得了学生们的信任与尊重。

我担任班主任工作已经32年了，在这32年里，自己一向勤勤恳恳，为了整个班级的成长，倾注了不少心血。班主任工作是琐碎的，很累人，也特别考验人的耐力，真的是让人又爱又恨。在不知不觉中我得到了锻炼，也掌握了很多心理知识，现在我就谈谈我的爱和恨。

一、爱每一个孩子

爱是无声的语言，是教师了解学生思想和感情最有效的手段，想要管理好班级，必须关心、了解每一位学生。

"使每朵鲜花都绽放，每棵幼苗都茁壮成长"这是我做班主任的信念。我始终把工作的责任感放在第一位。我现在带的是八九岁的孩子，他们天真烂漫、活泼好动，那一颦一笑，处处充满着童真童趣。孩子对老师特别热情，经常会围着老师转，我也很习惯在课后把孩子叫到自己身边，和他们聊聊天，请他教教老师新玩具怎么玩；问问她漂亮的新衣服是谁买的？问问他今天给老师吃的喜糖是怎么来的？

二、重视培养孩子们的行为习惯

各种习惯的养成是形成良好班风班貌的基础，我觉得培养良好的习惯关键是要培养学生的习惯意识，所以本学期我开始让学生自己管理自己。我们提的口号是"自己的事主动做"，如学习上师徒分配好任务，小组合作学习比效率；卫生方面开展值日竞赛；文明礼仪方面互相监督争星竞赛……以比赛、竞赛、开展接力赛等方式来巩固学生的良好习惯。

三、培养小干部，发挥孩子们的潜能

班干部是班级的核心，是班级的骨干力量，要建设一个良好的班集体，首先要建设好一支责任心强、能力强的班干部队伍。我们设立了各种各样的班长和组长，分工明确，职责分明，每个人都有事情做。当某个干部生病了马上就有其他的班干部补位。我也经常表扬他们，他们也特别自豪。做事也更加认真，我也省了不少事。

四、积极参加各种活动，增强集体凝聚力

有了比赛机制，孩子们参加活动的兴趣越来越浓厚了。比如社会实践活动、校运动会、讲故事比赛、六一儿童节社团节目表演、升旗仪式展示等。我们还进行了一些有趣的班队活动，比如班级节阅读、学生作品展示。通过这些大大小小的活动，学生们受到了锻炼，在快乐中不断成长。

五、加强与家长间的交流

家庭教育和学校教育是密不可分的，只有家校合力，才能更好地促进学生的成长。我特别注重和家长建立良好的关系，加强和家长间的交流。当孩子有进步或是学习状态不佳……我都会及时与家长取得联系，尤其是学困生。当看到班里任何一个孩子有了哪怕一点点进步，我都会给予大大的表扬。

班主任工作让人又爱又恨，痛并快乐着，我要谢谢我的孩子们，谢谢支持我的家长们，我愿把这份缘分和幸福珍藏。

案例7-6

## 深耕细作　引领学生成为更好的自己

张艳艳老师，面对特殊困境的学生，她不仅教授知识，更关心学生的生活。她用自己的行动诠释了教育的力量，激励学生们勇敢追求梦想。

自研究生毕业以来，我在新源学校担任语文教学和班主任工作，各方面都严格要求自己，刻苦学习，努力工作，兢兢业业，受到领导、同行、学生和家长的认可和好评，回顾过往：

一、教育教学与时俱进

作为班级的主要负责人，虚心学习教学设计、教学方法、课堂管理等方面的策略与防范。通过不断学习和实践，更好地引导学生学习和发展。

二、班级管理策略得当

把重心放在提高学生素质，促进学生心理健康发展和建立新型师生关系上。精心研究治班策略，实施"人人有岗，个个担当"等措施，明确规定了学生在课堂、作业、卫生等方面的要求。经常利用班会、晨会、课前、课下等一切可以利用的时间对学生中出现的问题进行晓之以理、动之以情、导之以行的及时教育，给他们讲明道理及危害性，从而使学生做到自觉遵守纪律。开展班级活动，努力开拓演讲、讲故事比赛、传统文化月节目排练与展示等德育活动渠道。

三、注重与学生、与家长的沟通

细处关爱，亲近学生，但要在爱中有严，严中有爱，具体要求，指导到位，不怕麻烦，及时表扬，延迟批评。

（一）主动沟通

每每遇到学生学习懈怠、情绪波动、言行不当等问题，我都会主动联系家长，了解更多的信息，以便更好地采取教导措施。

班上有个"爱劳动"的男生，什么活儿都抢着干，最喜欢大扫除活动，擦门、拖地、洗帕子……本来是非常好的事情，但是他动作太大，方式也不当：一会儿把拖把水弄湿了别人的鞋，一会儿不知怎的就晃出一摞书本掉在地上糊得很脏，一会儿又接了桶水倒在教室地面……我就经常和其家长一起约定规则，结果孩子非常听话，一度被推选为"劳动花"。

（二）坚持原则

班上有一名女生，比较敏感，容易和同学产生矛盾，她的妈妈起初由于误解老师偏向其他同学还向班主任发过火，叫嚣着要投诉；一度反对老师休产假重新回到班级教学……但是经过班主任长期的关注和帮助，家长认识到自己孩子的问题和需求，经常感谢班主任对孩子用心了，但是作为班主任的我也只是说理解万岁，老师希望每一个孩子好。

四、情感关怀能力显著提升

班主任在工作中会遇到各种挑战和压力，需要具备较好的心理素质和情感关怀能力。这包括情绪管理、心理辅导、关注学生情感需求等方面的能力。

（一）转化"递反生"

班上有个孩子叫李雅馨，一年级入校时上课不进班，进班也不听老师的任何指令，我行我素，动辄发火打同学、打老师。经过班主任一次又一次的疏导和帮助，李雅馨现在担任一个小组的扫地任务，班会总结时偶尔还能够被表扬，也很少出现情绪激动的情况了。

（二）帮扶重大变故期学生

某天放学，我注意到班上的一个男生情绪低落。经过询问，了解到他的父母正在闹离婚，孩子感到非常不安和无助。我安慰他，父母的问题不是他的错，父母都依然爱他。并建议他的父母多关注孩子的情感需求。经过一段时间的谈心，孩子情绪稳定，脸上逐渐有了笑容，并积极投入到学习和班级活动中。

案例7-7

## 用爱与智慧守望成长

裴蕊老师，时刻关心学生学习、费心班级纪律、操心集体卫生，她的爱与智慧对学生产生了巨大的教育作用。

爱是教育的基础，没有爱就没有教育，为师爱生是天职。看似烦琐的班主任工作，其实就是和学生一次次心灵上的触碰。

一、奖惩分明，张弛有度

我认为在班级管理中，班主任必须对学生严格管理，严格要求。严，并不是说对学生一定要"严酷"，因为"严"必须建立在合理的规则基础上。每学期针对班上学生的年龄特点，制定一些细则：大的方面，依据校规，制定班规，做到"有法治班"；小的方面，例如课前准备、桌椅的摆放要对齐地上地砖的横线、清洁用具摆放到位、周末必须剪指甲等，但凡涉及班级的每一个细微之处，都有"明文规定"。

二、人人有岗，个个有担当

在班级管理中，我想方设法，为学生设置多种岗位，让班级每一位学生有机会"上岗"，参与班级管理，建立了"事事有人干，人人有事干"的制度。如午餐管理员，每天负责给同学打饭，收拾桌子，还要监督同学们有无浪费。一直以来，我班的孩子都养成了吃多少、打多少的好习惯；小唐、小陈同学身体壮，我专门给他们安排了一个职务，负责给同学们发放水果、面包；班上特调皮的孩子，我就让他们担任"安全管理员"，他们逐步意识到：自己是小干部，要以身作则、起好带头作用……这样一来，班上的孩子越来越乖，没有人调皮捣蛋。

三、家校携手，见证成长

要使孩子健康成长，光靠学校是不够的，还需要家长的密切配合。我曾经教过这样一个女孩，她没有一点自信心，平时在老师面前说话、背书，总是低着头，从不敢看老师，声音还特小，经常不按老师要求完成作业。我见到她妈妈，总是数落孩子的毛病，孩子产生了逆反心理，破罐子破摔，孩子也依旧不改。后来，我改变了做法，把班上一个成绩好的女生调来跟她坐，帮助她进步，同时和她们组的组长打招呼：只要她写了作业就算过关，不要太严格。并且和她的妈妈开诚布公地进行了一次深入交流，争取到家长的配合，孩子慢慢就进步了。

另外，还利用班级微信群，随时给家长反馈孩子的在校情况，该表扬的及时表扬，感谢家长对老师工作的支持配合；该提醒的，我也毫不留情地（私信、打电话或个别访谈）和家长沟通，让家长重视孩子的问题，家校合力促进学生成长。

学生的成长过程是复杂的，班主任不仅要关爱学生身心，更要用智慧的方法和经验去引导孩子。以育人为根本，从学生的内在需要出发，帮助学生形成正确的人生观、价值观。为学生成长、成才创造机会，最大限度地激发学生内驱力，用心守望着学生的成长。

通过以上三个案例，我们可以看到不同背景下的班主任在成长中面临的挑战与机遇。他们用实际行动践行了教育的使命，为学生的成长保驾护航。在她们的努力下，学生茁壮成长，绽放出属于自己的光芒。为她们点赞，为她们的付出与努力喝彩！

## 第四节　学科教师：立德树人的践行者

新时代背景下，教师既肩负着传道、授业、解惑的教学任务，也肩负着贯彻落实立德树人的根本任务。成都高新新源学校围绕培养"品学兼修、尚美乐创"的向阳花学子为育人目标，多元育人，关注学生的全面发展。学科教师是实践立德树人根本目标的有力践行者。

首先，学科教师在平时的教学中，注重深入挖掘课程中的德育元素，把学科教学和立德树人结合起来，合理又巧妙地渗透思政教育；其次，学科教师以身作则，用自己的良好品德和行为习惯为学生树立榜样，成为学生的道德楷模。然后，在新课程方案的指导下，学科教师关注积极思考"变革育人方式，突出实践"，积极践行综合实践活动，充分发挥综合实践课程的独特育人价值，培养学生在真实情境中解决问题的能力，促进学生全面发展。最后，学科教师也常常进行家校共育，如积极参与"信使家访"活动、"倾听一刻钟"活动、"关爱学生"活动等，经常通过微信、QQ、电话等方式与家长沟通学生在校学习状态、心理状态，形成家校合力，共同关注学生的德育发展，帮助学生树立正确的世界观、人生观、价值观。

案例7-8

### 古诗新学，打好时代新人底色
——挖掘古诗中的育人元素，培育学生的责任担当精神

成都高新新源学校　谭　琳

一、挖掘古诗词中蕴含的育人元素，助力疫情中的精神坚守

古诗词是我国传统文化的精髓，是中国文化的根基，蕴含着丰富的育人元素，"勤劳勇敢、责任担当、不屈不挠、乐观向上、家国情怀"等，其丰厚博大的文化底蕴和人文思想浸润着一代又一代人，是中华民族刻入骨髓的精神命脉。

二、线上教学：四步法新学古诗词，传承中华文化基因

（一）自主学习，重吟诵

老师推出古诗词学习单，学生自学古诗，结合已有学习经验，通过查资料等方式理解古诗大意。

通过教师示范、观摩视频，指导吟诵方法，评价激励，教会学生正音、

把握节奏，体会古诗的音韵美。学生通过微信群发视频，师生、生生互评，"最佳朗诵奖""古诗小达人"等评定提高了学生学习古诗词的积极性，同时培养了语感。

（二）多维分享，重理解

第一步，小组分享。每天下午5点至5点半是小组交流时间，以轮流担任主持人的方式开展，每天一位同学主讲，其他同学质疑或补充。

第二步，全班交流。主要交流小组分享有争议的问题、突出的学习经验、开展诵读比赛。

（三）古诗词大赛，重积累

以小组为单位积分，有必答题和抢答题，必答题按小组学号来，答过的同学不能再答，保证每个同学都有机会。抢答题难度高一层，体现基础＋提升的层次，内容包括1—6年级必背古诗词，涉及古诗词、传统文化等综合性知识，重积累与辨析。方式活泼，能激发学生的兴趣，乱字组诗句，看图说古诗，根据线索猜诗人或诗句。

（四）成果转化，重方法

将古诗的语句变为头脑中的画面、情境，并以此为契机进行创造性地填补和连接。在充分学习、交流、领悟的基础上，结合所学课文、所见所闻以及自己的实践经历，将某一篇或某一类古诗词改写，纳入自己的知识、情感和价值体系里，这是"古诗词新学"综合性成果的展示，难度也最高。

三、古诗新学："三读"润心灵，打好时代新人底色

（一）读出自己，惜时光

蓝蓝，一个贪玩的小女孩，她感慨道："读黄庭坚的《清平乐·春归何处》，'春无踪迹谁知，除非问取黄鹂。百啭无人能解，因风飞过蔷薇。'我想起了课文《匆匆》中朱自清先生所说：'八千多日子已经从我手中溜走，像针尖上的一滴水滴在大海里，我的日子滴在时间的流里，没有声音，也没

有影子。'也如《长歌行》：'少壮不努力，老大徒伤悲。'"

（二）读出他人，齐坚守

桐桐说："前段时间，爸爸上班去了，妈妈有时候也不在家，我这个乖乖女一下子就变了样，学着学着懒散之心就来了。学《竹石》这首诗，我被竹子那种坚贞不屈、铁骨铮铮的精神打动了。"

（三）读出家国，向光明

"读《采薇》时，我脑海里浮现出一个穿得单薄破烂的戍卒在大雪纷飞中踩着泥泞回到自己的家乡，大雪模糊了他的眼睛，捂着左臂上十厘米长的伤口，脚一步一步插进泥泞里，喉咙干渴沙哑，饥肠辘辘，不知家里有谁？……我给自己的作品起了个名字叫《艰辛自己扛》。"悦悦交流道。

"古诗新学"，营造一个自由的氛围，构建一个审美的场域，创造一个个性化解读的空间，实现多维多层互动，鼓励多元立体的评价，兴趣为先，涵泳为美，综合运用古诗词学习的方法，培养孩子们吸纳优秀传统文化，寻找生命的力量，强根塑魂，打好人生底色。

编者的话：学科教学既是立德树人的根本载体，也是立德树人的主要途径，立德树人是学科教学的根本任务，也是学科教学改革的方向和境界。持续深入地推进立德树人的根本任务，不仅要落实到教育的各个领域环节，也要落实到学科教学中。学科课程内容中的某些内容直接构成了思政教育内容。如本文通过古诗教学，深入挖掘其中蕴含的"勤劳勇敢、责任担当、不屈不挠、乐观向上"等精神，培养学生的民族认同感。老师们在平时的学科教学中要善于抓住学科课程内容的育人素材，找到合适的学科育人入口，采取合适的学科育人方式，在达成学科课程目标和完成学科教学内容的同时实现多角度、全方位的育人。

案例7-9

## 劳动教育筑牢基石·立德树人蓄能终身

——以"劳动教育"微队课形式落实"立德树人"案例

成都高新新源学校 谌瑞霞

### 一、活动背景

（一）新时代教育改革的时代诉求

劳动教育是培育我国学生核心素养的关键工程，当前我国学生劳动教育现状不容乐观。中国共产党第二十次全国代表大会于 2022 年下半年在北京召开。青少年一代更应该用自己的行动，以崭新的姿态喜迎二十大。

（二）队课核心素养和培养目标要求

《少先队活动课程指导纲要（2021年版）》要求：少先队活动课程以培养新时代少先队员"理想信念、政治认同、组织意识、道德品行、精神品质"等核心素养为目标。

（三）当前青少年存在的问题现状

当前的青少年们，他们生活的时代，物质充裕，没有经历过缺吃少穿，繁重农活的日子，因此难以体会到劳动的必要性，在遇到困难时也容易退缩。

### 二、活动目标

培养队员们的劳动意识和劳动能力，以新的爱劳动善劳动的姿态喜迎二十大召开。

### 三、活动过程

活动一：视频引入，初步感受，明劳动之义

1.视频引入，激发兴趣

微观角度，生活场景引入，激发兴趣，初步感受劳动（视频出示身边的魔术师）

课件出示图片集：由社会缩小到校园

2. 观看视频，初步感受

宏观角度，再次感受劳动的伟大：劳动创造幸福，从古至今，一直如此。我们穿越时空，看一看劳动创造的伟大。

3. 观看图片，学习榜样

教师引导学生回顾班级里的劳动美。

教师总结：班级里的劳动者们是班级的美容师，他们用自己辛勤的汗水换来了整洁的教室，我们真的谢谢他们。

活动二：生活导引，对比明理，明劳动之义

1. 课件出示班级整洁和脏乱的图片，强烈的视觉冲击后，学生对比交流自己的感受。

2. 为什么要每天值日而且轮流当值日生呢？

活动三：体验感悟，明责导行，做劳动之人

1. 联系实际，追问：今天哪几个同学值日？你们给大家说一说是怎样值日的？请做清洁的同学和其他同学分别评一评今天值日生对工作负责吗？

2. 教室卫生怎样才能做好呢？

3. 夸夸这些值日生。

①列举身边的同学榜样，各小队讨论选出优秀值日生。

②组织大家说一说他们是怎样劳动的。

③给劳动小能手赠小红花，并发小奖品。

活动四：拓展践行，喜迎新会，做劳动之人

1. 二十大马上就要召开了，我们前期也通过《说新闻》的活动了解了二十大，知道二十大召开的重要意义，那么作为新时代少先队员，我们可以积极投身哪些劳动实践，以实际行动来迎接党的二十大呢？

小组讨论，出谋划策。

2. 齐朗诵

少年兴则国兴，少年强则国强，强国有我，请党放心！

3. 齐唱《社会主义接班人》

四、活动效果

这次队课后，队员们顺势举办了"喜迎二十大·劳动争光荣——劳动技能展示活动"。有的队员通过小报的形式宣传党的二十大，宣传劳动的意义；有的队员借清明节，前往英雄纪念碑纪念英烈，致敬国家英雄；有的队员开始做疫情防控志愿者；有的队员自愿结成小组，开始了爱护环境的小组活动；有的队员开始认真学习各项生活劳动技能……他们正在用自己的实际行动，践行着劳动美，以劳动者的新姿态迎接党的二十大的召开。

编者的话：劳动教育具有树德、增智、强体、育美的综合育人价值。校内常态化的学生轮流值日、家庭日常化的力所能及的家务劳动、校外体验类劳动实践活动都有助于促进学生树立正确的劳动观念，掌握必备的劳动技能，培育积极的劳动精神、良好的劳动习惯和品质。新源的班主任们也借由学校开展的"微队课""班主任技能大赛""教育教学论文评比"等活动中不断根植综合育人理念，实践综合育人途径，反思综合育人效果。真正落实立德树人的教育目标。

# 第八章　荣誉收获篇：花田缤纷灼向阳之华

## 第一节　学生成长

在"养正日新，厚源致远"的办学理念和"一路阳光，激情跨越"的学校精神引领下，成都高新新源学校通过狠抓管理、开发课程、组建团队、组织培养、搭建平台等举措，着力探索"向阳花教育"的办学之路，着力培养"品学兼修、尚美乐创"的阳光学生，推动学校渐入佳境，努力创建品质优秀、活力绽放的九年一贯制创新型学校。

新源的向阳花学子德智体美劳全面发展，越来越多才多艺，越来越自信阳光，在全国、省、市各个平台上获得多项殊荣，每一天都比昨天更好。

| 时间 | 班级 | 姓名 | 奖项 | 级别 | 等级 | 颁发单位 |
|---|---|---|---|---|---|---|
| 2023 年 11 月 | 五（1） | 杨瑾依 | 第二届全国少年儿童生态环境四联漫画征集活动 | 国家级 | 影响力奖 | 生态环境部宣传教育中心 |
| 2023 年 11 月 | 五（3） | 汪晨曦 | 第二届全国少年儿童生态环境四联漫画征集活动 | 国家级 | 优秀奖 | 生态环境部宣传教育中心 |

续表

| 时间 | 班级 | 姓名 | 奖项 | 级别 | 等级 | 颁发单位 |
|---|---|---|---|---|---|---|
| 2022 年 11 月 | 三（3） | 周皞天 | 四川省首届"可信、可爱、可敬的中国"中小学生爱国主义教育主题征文评选 | 省级 | 一等奖 | 四川省教育厅 |
| 2022 年 11 月 | 三（3） | 周禹熹 | 四川省首届"可信、可爱、可敬的中国"中小学生爱国主义教育主题征文评选 | 省级 | 一等奖 | 四川省教育厅 |
| 2023 年 10 月 | 七（4） | 严蕊欣 | 四川省少先队阅读大赛初中组 | 省级 | 一等奖 | 四川省少工委 |
| 2022 年 3 月 | 四（4） | 刘颖佳 | "爱成都迎大运"征文 | 市级 | 一等奖 | 成都市教育局 |
| 2022 年 3 月 | 四（4） | 邓金欣 | "爱成都迎大运"绘画 | 市级 | 一等奖 | 成都市教育局 |
| 2022 年 5 月 | 六（1） | 冯枳焱 | "中华魂"（民族复兴的旗帜）主题教育活动演讲 | 市级 | 一等奖 | 成都市关心下一代工作委员会 |
| 2022 年 5 月 | 五（1） | 赖英姿 | "中华魂"（民族复兴的旗帜）主题教育活动征文 | 市级 | 一等奖 | 成都市关心下一代工作委员会 |
| 2022 年 5 月 | 七（4） | 邵鹏杰 | "中华魂"（民族复兴的旗帜）主题教育活动征文 | 市级 | 一等奖 | 成都市关心下一代工作委员会 |
| 2022 年 5 月 | 五（1） | 汪奕婷 | "中华魂"（民族复兴的旗帜）主题教育活动征文 | 市级 | 一等奖 | 成都市关心下一代工作委员会 |
| 2022 年 5 月 | 二（5） | 谢欣然 | "中华魂"（民族复兴的旗帜）主题教育活动演讲 | 市级 | 一等奖 | 成都市关心下一代工作委员会 |

续表

| 时间 | 班级 | 姓名 | 奖项 | 级别 | 等级 | 颁发单位 |
|---|---|---|---|---|---|---|
| 2023 年 2 月 | 三（3） | 周禹熹 | 成都市"青山绿水最美河湖"征文比赛 | 市级 | 一等奖 | 成都市教育局 |
| 2023 年 3 月 | 三（3） | 周禹熹 | 成都市中小学生"环境健康杯"征文绘画比赛 | 市级 | 一等奖 | 成都市教育局 |
| 2022 年 11 月 | 六（4） | 刘松源 | "老少颂党恩·喜迎二十大——雪山下的公园城市·烟火里的幸福成都"征文 | 市级 | 一等奖 | 成都市关心下一代工作委员会 |
| 2023 年 6 月 | 四（1） | 杨瑾依 | 成都市"大运小博士知识竞赛"活动 | 市级 | 最受欢迎大运小博士 | 成都大运会执委会宣传部 |
| 2022 年 6 月 | 八（4） | 冯艺涵 | 成都市"中华魂·中华好家风"作品征集活动书法 | 市级 | 一等奖 | 成都市关心下一代工作委员会 |
| | 四（1） | 邓云轩 | 成都市"中华魂·中华好家风"作品征集活动演讲 | 市级 | 一等奖 | 成都市关心下一代工作委员会 |
| | 三（3） | 周皞天 | 成都市"中华魂·中华好家风"作品征集活动演讲 | 市级 | 一等奖 | 成都市关心下一代工作委员会 |
| | 六（1） | 严蕊欣 | 成都市"中华魂·中华好家风"作品征集活动演讲 | 市级 | 一等奖 | 成都市关心下一代工作委员会 |
| | 三（3） | 周禹熹 | 成都市"中华魂·中华好家风"作品征集活动征文 | 市级 | 一等奖 | 成都市关心下一代工作委员会 |
| 2022 年 6 月 | 三（3） | 张周沫 | 成都市"中华魂·中华好家风"作品征集活动征文 | 市级 | 一等奖 | 成都市关心下一代工作委员会 |

续表

| 时间 | 班级 | 姓名 | 奖项 | 级别 | 等级 | 颁发单位 |
|---|---|---|---|---|---|---|
| 2022 年 11 月 | 五（1） | 严蕊欣 | 高新区红领巾讲故事比赛 | 区级 | 特等奖第一名 | 高新区少工委 |
| 2022 年 11 月 | 七（4） | 廖驰宇 | 高新区红领巾讲故事比赛 | 区级 | 特等奖第一名 | 高新区少工委 |
| 2022 年 4 月 | 九（3） | 邵涵 | 高新区十佳团员 | 区级 | 十佳团员 | 成都高新区教育文化和卫生健康局 |
| 2022 年 6 月 | 八（5） | 练倩妤 | 成都高新区少先队"公园城市 轨道筑梦"绘画作品征集大赛 | 区级 | 特等奖 | 共青团成都高新区工作委员会 |
| 2022 年 6 月 | 七（4） | 廖驰宇 | 成都高新区少先队"公园城市 轨道筑梦"绘画作品征集大赛 | 区级 | 一等奖 | 共青团成都高新区工作委员会 |
| 2022 年 12 月 | 四（1） | 邓云轩 | 成都高新区用英语讲好中国故事 | 区级 | 特等奖 | 成都高新区教育文化和卫生健康局 |
| 2022 年 4 月 | 九（2） | 何慧颖 | 成都高新区十佳团员 | 区级 | 十佳团员 | 高新区党群工作部 |

## 第二节　学校发展

　　成都高新新源学校成立于2008年7月，是由高新区教育文化体育局（原高新区教育文化和卫生健康局）在原成都高新区三元小学基础上建立的公办九年一贯制学校。在学校"养正日新，厚源致远"核心理念的指引下，积极探索"向阳花教育"模式，致力培养"品学兼修、尚美乐创"的向阳花学生，努力创建品质优秀、活力绽放的九年一贯制创新型学校。学校不断激发师生发展、创新的潜能与活力，形成了"规则素养"养成教育、科技创新教育、艺体特色教育等办学特色，教育教学质量走在全区九年一贯制学校前列。

一路阳光，一路绽放，新源学校从筚路蓝缕走向成就辉煌：教育成绩实现稳步提升，发展喜人；体育竞技发扬亮剑精神，愈战愈强；艺术教育实力持续壮大，科创教育发展硕果累累，学生素质比拼全面开花；"向阳花课程"建设日臻完善，教师专业发展再创新高。全体老师爱岗敬业，脚踏实地，勇于挑战，不辱使命，取得了素质教育、特色育人、全面育人的优秀成果，用骄人的成绩诠释了"养正日新，厚源致远"的新源精神。如：

1. 成都市青少年科技活动示范学校（2010）

2. 成都市国际青少年创新科技中国基地学校（2010）

3. 成都市新优质学校（2013）

4. 成都市心理健康教育实验学校（2013）

5. 全国青少年智力运动示范学校（2015）

6. 四川省创客教育实验学校（2015）

7. 成都市阳光体育示范学校（2015）

8. 成都高新科创教育十佳学校（2015）

9. 四川省文明校园（2017）

10. 成都市文明校园（2017）

11. 成都市艺术特色示范校（2018）

12. 高新区品质课程实验学校（2020）

13. 高新区社区教育文教结合共育实践基地（2020）

14. 高新区第二批少年科学院——乐创智造分院（2021）

15. 成都市优秀科研单位（2022）

16. 四川省绿色学校（2022）

17. 成都市教育改革与实验专委会成员单位

18.四川省教科院小学、初中学术共同体成员单位

19.全国自主教育联盟基地校、自主创新人才培养优秀校

20.全国自主教育联盟吉春亚、吴正宪名师工作室工作站（小学语文、数学）

21.成都市广播电视台第十一届故事大王选拔展示活动萌芽基地（2023年3月）

22.新园社区家校社教育协同育人计划共建单位（2023年3月）

23.成都市对口支援工作先进集体（2023年6月）

24.第31届世界大学生夏季运动会"大运小博士知识竞赛中"获十佳优秀奖（2023年6月）

## 第三节　辐射交流

新源学校建校16年以来，随着办学规模的不断扩大，教学质量的不断提升，以及在课程建设、学科教研、科创艺体等领域的厚积薄发，硕果累累，学校在周边社区、市区教育领域的美誉度不断提升，影响力不断扩大。为了不断推进各项工作的高质量发展，学校一直以来都非常注重与周边社区、友邻学校和区域外薄弱学校的辐射引领和交流共建活动，并以每一次活动为契机，为老师搭建展示才华的平台，同时促进学校不断挖自身潜能，持续良性跨越式发展。

学校的辐射交流活动以"请进来"和"走出去"为基本形式。"请进来"是指承接社区"校家共建"活动、各级各类教学研讨活动，省内市县跟岗培训活动，等等。近年来，我校承办了"简阳教育督导培训班"跟岗培训、石羊街办"小初衔接沙龙"等活动，获得广泛赞誉。

除了"请进来"之外，学校还多次派出骨干教师走进社区，走出本区域，

走向更广阔的教育天地，用自身出色的教学技能和丰富的教学经验，带动更多的学校老师共同发展，也促进自身的业务能力不断提升。我校先后和德格县、广元市、达州市的近十所学校结成友好帮扶学校，并多次派出由校领导带领的骨干教师团队亲自前往被帮扶学校，送教献课，深入开展学科教学、德育管理等各方面的交流活动。

发现光、追逐光、成为光，新源一直在路上。

案例8-1

### 简阳市教育督导培训班学员到新源学校实地跟岗

四川教育在线

2022年10月25日，简阳市教育督导培训班赴成都高新新源学校实地跟岗，来自简阳市各中小学及幼儿园的48位名优教师、督学学员参加了本次培训。高新区教育督导处陈良坤处长、简阳市教育局专职督学李勇出席了本次活动，并对活动进行了具体指导。新源学校党总支书记、校长杨芳以《规范办学引领学校高质量发展》为主题进行了发言。杨校长从学校文化、学校发展、学校科研成果、学校课程开发等方面介绍了新源学校建校十几年来的变化与发展，阐述了学校在新优质学校的建设中，如何做到把管理做优、把管理做实、把管理做全，从而实现重点突破，跨越发展。音乐组蓝婷老师展示了公开课《法国号》；体育组马耀华老师呈现了公开课《排球》；教学管理部卢登辉副主任以《课后服务，花样绽放》为题进行了发言；学生发展部李丽超副主任以《建设"人人有岗，自主发展"三位一体的育人体系》为题进行了发言。

简阳市教育局专职督学李勇对本次活动进行了总结，他高度评价新源学校组织的培训课程，课例及专题讲座紧扣本次主题，体现了高品质学校的高品质课堂、高品质培训。同时，他还指出了督导工作的重要意义，希望学员提高认识、增强信心、履行职责，使今后的督导工作有成效。

案例8-2

## 责任心从父母抓起，新源学校杨芳校长与家长共话"育儿经"

### 四川教育报道网

为构建校家社企"四位一体"立体教育体系，满足居民终身学习和全面发展需求，打造高品质和谐宜居生活社区，3月17日下午，由成都高新区教育文化体育局主办的"花 YOUNG 高新——教子 YOU 方"学堂第十四期活动在国际青禾学院会议厅内举行。

成都高新新源学校杨芳校长担任主讲嘉宾，新源学校学生发展部组织家长朋友积极参加线上线下学习。

为培养孩子的担当精神和责任意识，杨校长聚焦家长在教育中扮演的角色，引导家长从做好父母到教好孩子，明晰家教对孩子责任心的重要影响，为广大家长朋友排忧解难、答疑解惑。

从古至今，言传身教方能玉琢成器。家庭教育作为单独且重要的教育支柱性力量，受到了全社会的关注和热议。家长们也提出困惑："我们为什么要培养孩子的责任心？我们该怎样培养孩子的责任心？"针对家教培养孩子责任心的方式方法，杨校长提出了三个方向：一是反思家长的角色和意义，二是尊重孩子的发现与认知，三是思考好家长与好孩子的关系。有理想、有本领、有担当，这是新时代义务教育培养新人的明确要求。责任心是孩子的必备品格，是有担当的重要组成部分，可以试着引导孩子说出一些自己理解的责任和责任心的概念，并去实践它。

会后，杨芳校长和新南社区、新街社区、三元社区等各社区的家长朋友再次进行了深入交流。家长纷纷表示，这次活动就是一场及时雨，既让大家从认识上发生了转变，还给出了家庭教育操作的方向和细则，大家受益匪浅。

自建校以来，新源学校建设了家长学校，十分重视家长学校的育人功能。开展家长进课堂活动，借助学校、家长、社会等优质资源，搭建家校社企联动的网络体系，开发一系列家庭教育课程。帮助家长树立科学的家庭教育观念，改进家庭教育的方法和策略，使家校社企形成教育联盟，为孩子的成长保驾护航。

案例 8-3

## 携手家、园、社，新源学校举行"花开有时 衔接有度"幼小衔接沙龙

四川教育报道网

为深入贯彻落实《教育部关于大力开展推进幼儿园与小学科学衔接的指导意见》，2023年4月22日，"花开有时 衔接有度"幼小衔接沙龙在成都高新新源学校顺利举行。

成都高新区石羊街道办新南社区、成都高新区石羊街道办新园社区、成都高新区第八幼儿园、成都高新区第九幼儿园、成都高新区第十一幼儿园共同参与了本次沙龙，走近家长，读懂儿童。围绕"科学有效幼小衔接"，现场10余位特邀嘉宾，100余位幼儿家长互动交流，气氛热烈，家、校、园、社、院多方共同搭建起教育同心圈。

如何让家长帮助孩子们从心理上和行为上做好入学准备？学校在幼小衔接方面又做了哪些工作？新源学校教师、成都市优秀班主任修梦琦从培养孩

子的八大能力入手，分享了关于"幼小衔接"的专题讲座，介绍了新源学校特色的《你好，新新；加油，源源》一年级主题式适应性课程。

案例8-4

## 专家来解惑——幼小衔接不焦虑

成都师范学院教育与心理学院院长唐安奎用大量生动、典型的实例，教家长如何正确应对孩子入学后可能会遇到的困难，为家长今后的育儿之路指明了正确的方向。他还指出，家长和学校要保持良好的沟通，保持家庭教育和学校教育一致，使教育得以真正的实施。

石羊第八幼儿园园长、石羊第九幼儿园园长、石羊街道学前教育负责人周寅，高新石羊街道新南社区第一副书记苏方萍，高新石羊街道新园社区第一副书记王友红，新源学校校长杨芳等先后发言，解答了家长们的疑惑。

科学的幼小衔接是家校园社院多方携手并肩的合作，新源学校回归立德树人的教育初衷，充分尊重孩子成长规律，着眼于孩子的终身发展需要，以"为孩子的全面发展奠基"为目标，以科学的方法为路径，以爱护航，聚力成长。

案例8-5

## 成都高新新源学校与达川区三所学校结对，共建共享携手并进

### 四川教育在线

393.8公里的距离，4.5小时车程，校与校，手拉手，成都—达州，两地教育人在万物复苏的春天里，种下了一粒希望的种子，这种子在春的温暖里，

萌芽、生长，开出最美的繁花。

【缘起】2022年11月，成都高新新源学校向达州市达川区教育局提出帮扶申请，经达州市达川区教育局审核通过，确定了达川区管村镇中心小学、达川区管村初级中学、达川区赵家镇中心学校作为新源学校结对帮扶对象，新源学校将根据对方学校的需求，选派优秀教师以线下、线上等各种形式进行精准帮扶，使学校优质教育资源不断扩大，促进被帮扶学校的发展。

【春行】2023年3月8日，成都高新新源学校党总支书记、校长杨芳带领副校长岳聪、行政事务部主任康琼仙、教学管理部副主任卢登辉、学生发展部副主任李丽超一行五人，带着新源师生的真情、带着新源学校的文化、带着交流合作的诚意来到了达州市达川区，在春暖花开的时节，播下教育帮扶的种子。

【牵手】2023年3月9日—3月10日，杨芳校长一行分别来到管村镇中心小学、管村初级中学、赵家镇中心学校，参观了三所学校的校园环境，在学校领导的介绍下，了解了三所学校的办学历程及办学特色。杨芳校长代表新源学校分别与三所学校签订了"手拉手结对帮扶协议"。

【交流】在历时两天的互动交流中，新源学校为三所学校带去了宝贵经验。副校长岳聪做学校发展主题交流，行政事务部主任康琼仙做教师发展主题交流，教学管理部副主任卢登辉做作业设计主题交流，学生发展部副主任李丽超做德育工作主题交流。杨芳校长向三所学校的管理团队和教师代表介绍了成都高新区先进的教育理念、新源学校办学管理经验，并针对新课改背景下学校的发展前景、课程的优化、教师的内驱力、学生的成长密码等方面做了全面的指导交流。

【共享】达州市达川区教师进修学校副校长李雪梅、研训处主任何成军高度重视本次两地四校的结对帮扶活动，全程参与指导陪同。他们表示新源学校为达川区三所薄弱学校带来了先进的教育教学理念和宝贵的教育教学管理经验，这来自教育的结缘为达川区带来和煦的春风、细密的春雨，将推动三所学校不断创新、发展。希望两地四校在教育管理、队伍建设、教育科研、学校文化、学生活动等方面互动交流，相互学习，以实际行动深入推动两地四校教育质量的提升，从而达到相互促进、共同提高的目的。

山海之盟，教育之情。达州—成都，春天播下的种子，在春雨中悄然萌动，期待那一片满天的繁花。

案例8-6

## 结对促发展　友谊添华彩

四川教育报道网

为了实现校际之间的交流互动，增进地区之间的团结与友谊，2023年5月26日，成都高新新源学校优秀教师与达州管村小学教师在管村小学结成师徒，从而达到相互促进，共同提高。

在结对仪式上，管村小学副校长袁野和副校长唐茂林携徒弟们对成都高新新源学校各位老师的到来表示热烈的欢迎。会上，新源学校副主任李丽超对结对仪式致辞；孙渠娅老师宣读了师徒协议；田竞老师作为师父代表表态。管村小学的袁野副校长对此次结对活动充满期待，希望这样的形式能促进两校师生的发展；徒弟教师代表李晓翠老师表示会秉承虚心求学的态度向师父请教。此次活动在一纸契约下结成了友谊之校。

# 后 记

十六岁的花季，正是新源向阳花德育的样态。从2008年建校开始，十六年的时光，新源德育如播种到泥土里的向阳花种子，发芽拔节，向阳而生，追光逐梦，带着一种潜移默化的力量，塑造着学生的品德和人格，让学生在最合适季节尽情绽放。

当我们翻开这本关于新源德育的育人实践，仿佛进入了一个充满智慧和灵感的世界。

在这里，见证了新源德育的发展历程。从"养正日新，厚源致远"的办学理念到"品学兼修、尚美乐创"的育人目标，从向阳花课程体系的提出到向阳花德育的健全完善，从科创、规则两大名片到艺体、法治、社会实践、校家社共建的高质量发展，梳理了向阳花德育十六年的成长脉络，呈现了一幅向阳花德育的全景图，书写出新源德育理念与实践的交织篇章。

在这里，感受到了德育课程的力量。依托"主题育人课程""社会实践课程""文化浸润课程"三大课程，将传统文化、文明礼仪、绿色环保、法治安全、感恩励志、志愿服务等渗透其中，在学生的情感体验和道德实践中使学生立规立德促能。其中，学年规则课程从"基本道德规则、学校活动规则、日常生活规则、公共交往规则"四个维度实施，培养学生树立规则意识，在实际行动中明辨是非，对自我行为进行反思和评价，养成良好习惯；学月课程以12个自然月为时间轴，涵盖数科、体育、艺术、传统文化、国际理解、公益服务等12个主题，学生在序列化、多样化、层级化的课程中开阔视野、收获知识、发展智力、陶冶情操；学周课程尊重学生在成长中的主体地位，以蕴含在节气、纪念日等时间节点中的细小精实的教育元素开展"国旗下班级展示""校园广播班班秀""主题班团队会"，让每一个孩子都被看见，都有展示的舞台；典礼课程则通过一年级入学典礼、六年级成长典礼、九年级毕业典礼、每学期开学和散学典礼让学生有仪式感，在典礼中参与体验感悟；实践育人课程，则在暑假公益类、寒假服务类、春秋一日实践类、研学类四大类实践课程的基础上，广泛调研形成18项春秋一日实践课程，与社区携手完善寒暑假公益服务类课程，如社区义卖、关爱社区老人、担任成都市图书馆志愿者等，让学生在九年中参与体验有内在联系、适合年龄特点、多学科融合有所获的实践育人活动。

在这里，见证了新源德育人的耕耘。党建带团建、队建，让信仰永葆中国红；十五届班主任节，寻根·聚源·炼魂，探寻育德育心之道，提升班主任专业技能；十五年的教师全员入户信使家访，打通育人最后一公里，让德育更有温度；联动周边社区、聚力区域力量，构建校家社企共育一体化机制，形成"四维一体"协作育人工作格局，推进区域未来化育人……

随着一页页的翻阅，不仅让我们看到了新源德育的现状和未来，还让我们看到了德育的价值和意义——德育不是空洞的口号或理想，而是每个人都可以参与、每个人都可以实践的行动，它不仅是个体成长的必经之路，更是连接着孩子的梦想与现实，让孩子追逐阳光，触到温暖，在孩子庞大而丰富的世界中，让他有意义地学习与生活。

我们一直在心中种花，我们不厌其烦地衔接阳光，在每一个时辰，看着你们的笑脸，存下最温暖的记忆……

成都高新新源学校德育副校长　黄雪

2024年4月